AQUARIUS

AQUARIUS

AQUARIUS

AQUARIUS

Vision

一些人物，
一些視野，
一些觀點，
與一個全新的遠景！

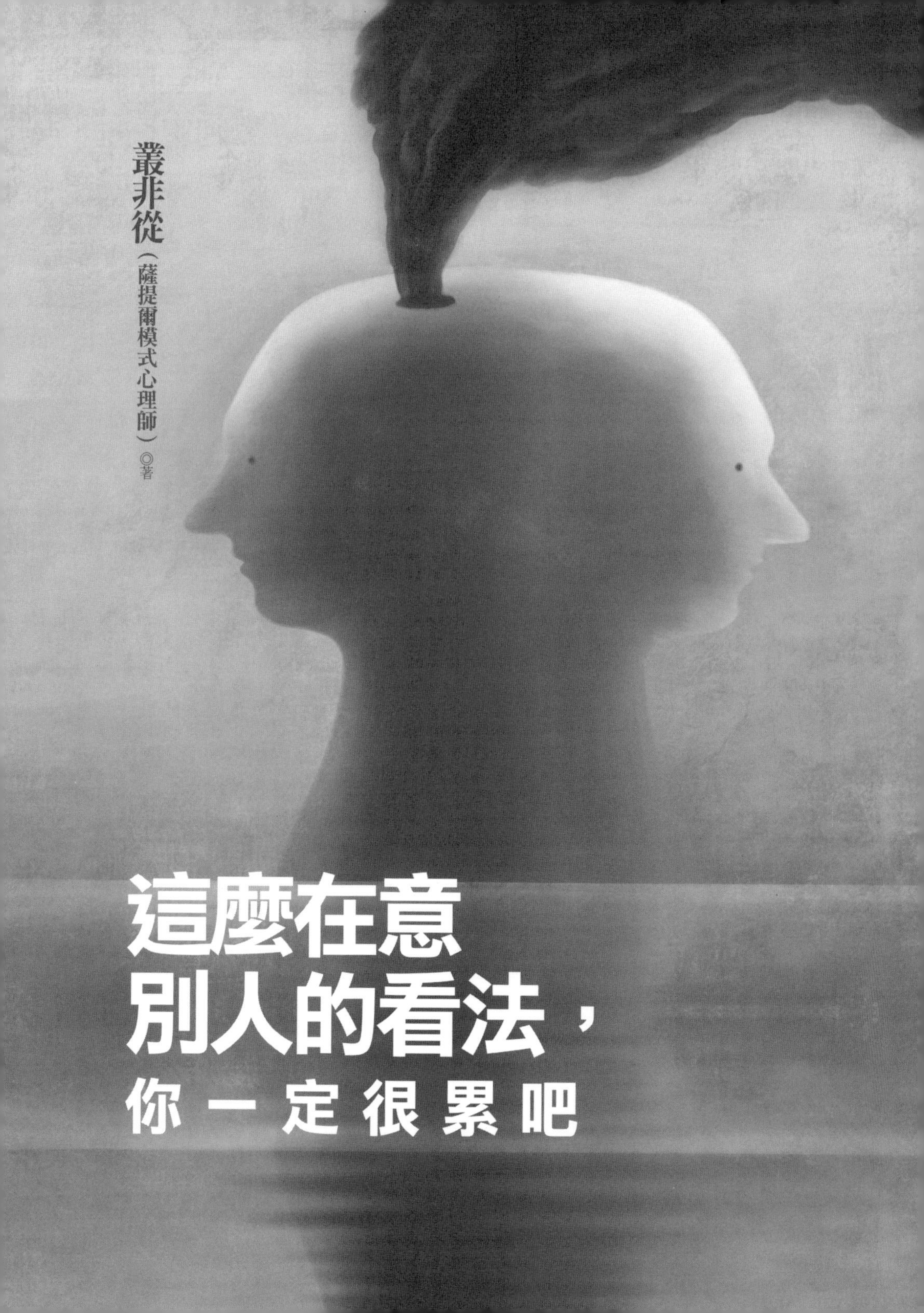

叢非從（薩提爾模式心理師）◎著

這麼在意別人的看法，你一定很累吧

讀者推薦

這本書，解開了我的心結

★讀了五頁，眼淚快流下來了。說出我無法說出的話，我的委屈、我的壓抑，都被明明白白地擺在桌面上。別人可以不理解我，起碼我要理解自己，起碼我要愛自己。

讀者／卿歌似弦音

★我們經常寫文章，讓我們覺得自己很好，但是事實上，大部分時間，我們都覺得自己不好，即使努力，也沒有辦法。這本書解開了我的心結。希望也可以幫助到大家，希望大家愛自己，不被自己愛的感覺太差了。

讀者／煙花花愛讀書

★簡單說下我看完這本書之後的變化：好多人都會用「為你好」的說法去道德綁架別人，完全不顧及每個人是一個獨立的個體，都有自己的思想自由。把自己的想法強加在對方身上，到最後，大家都不開心。

一直說「喜歡」、以「對你好」為藉口，並且利用這些藉口，讓對方按照你的想法行動，這就是道德綁架。

與人相處，需要懂得去瞭解對方，理解雙方的不同，做一個自己內心有足夠力量的人，才能舒服地與他人相處。

說實話，想想從前的我，也真的慘不忍睹，真的是以自己為中心，所幸我可以一點點改變過來，成為更好的自己。自我成長的力量，真是強大呢。

讀者／zuodang31

★這本書一步步教會我識別哪些東西讓我感覺到沒有安全感、焦慮、憤怒，然後告訴我如何去處理這些情緒：

1 我能成為更好的人、一個獨立的人，一個心理上真正強大的人。

2 修補自己內心的創傷，讓自己能夠舒服做自己，才是我們一生要做的事。

3 活得不舒服，一般都是因為自己內心軟弱。

4 當我學會不聽外界的聲音，反而開始變得強大、自信，而當我開始肯定自己，別人對我的態度似乎也隨之改變。

5 重建自己的內在世界，讓內心完整而強大，讓自己更愛自己。多一個人愛我，會讓我開心，少一個人不愛我，並不影響我覺得自己依然是一個很棒的人。

6 在與人交往時，我不再一味貶低自己，討好別人。我開始能跳脫出來，在關係中能更加進退自如。

讀者／jique374

這麼在意別人的看法，
你一定很累吧

第一篇

處理自己的情緒，停止內耗

內在的戰爭，正在消耗我們的能量。

目錄

這麼在意別人的看法，你一定很累吧

目錄

這麼在意別人的看法，
你一定很累吧

目錄

這麼在意別人的看法，
你一定很累吧

第一篇

處理自己的情緒，停止內耗

內在的戰爭，正在消耗我們的能量。

第一章

關於「憤怒」，你可能有個錯誤邏輯

消化別人的憤怒，不是你的義務，但展現的是你的EQ。

1 「被憤怒」不是你的錯

很多人在潛意識裡有一個邏輯：你對我發火，就是在說我錯了。

所以別人對你發火時，你就開始有情緒反應了：當你也覺得自己錯了，你就會愧疚、自責，覺得自己不應該做錯；當你覺得自己沒錯，你就會委屈、恐懼，繼而憤怒——我又沒做錯，你憑什麼對我發火？

這種思考模式，依然在潛意識的邏輯裡：只有我錯了，你才能對我發火；如果我沒做錯，你就不能對我發火。

我們在為企業上培訓課時，常強調最需要情緒管理的就是客服。他們經常被客戶罵，卻不能反擊回去。重點是有些客戶明顯是無理取鬧，自己不合規定，還要對客服發火，這些客服就很委屈。

被主管無端訓誡的下屬們也經常這樣，因滿腹委屈而哭，覺得自己沒錯，為什麼要被主管罵。

以前沒有覺察的時候，我也有這個邏輯。我在寫文章的時候，經常被讀者罵，罵得我很不爽，內心憤怒地對著他們大喊：我說錯了嗎？錯了嗎？你看明白了嗎？你就罵？

怕被指責的人，通常不是因為無法接受別人的憤怒，而是無法接受別人用憤怒否定自己。

可是身為成年人，你捫心自問：

你對別人感到憤怒時，真的僅僅是因為覺得別人做錯了嗎？

2 憤怒是向下流的

我們只有去理解憤怒是如何形成的，才可能知道對別人的憤怒如何回應。

實際上，憤怒是向下流的。

在一個系統中，**憤怒會自動從較強的一方流向較弱的一方**，如此你就可以理解很多種憤怒了。

- **在家庭生活中**：父母因為小事而發大火，通常是因為父母心裡有團火無處可發，所以要流向更弱的個體。孩子比父母弱勢，憤怒就更容易從父母流向孩子。

如果爸爸、媽媽不是威嚴的人，孩子在長大的過程中就能感知到他們的軟弱，便會調皮搗蛋，從而對父母發洩憤怒。

如果爸爸、媽媽非常強勢，小孩子被罵後，內心的憤怒無法倒流，就會虐待小動物。這就是「踢貓效應」，因為貓比孩子弱，所以憤怒就流向貓了。但是，貓錯了嗎？我們看到很多觸目驚心的虐待動物、報復社會事件，其實是因為那些人內心的許多憤怒無處發洩。

- **警察對小商販憤怒**：這種憤怒通常會超出執法的範圍和程度，因為警察到了商販面前，變成了「強者」。
- **客戶對客服發火**：很多情況下，不是因為客服做錯了什麼，而是客戶心裡有團火，發給客服最安全。客服的「人設」就是「低人一等」，雖然你可能不太喜歡這四個字。
- **主管對員工無緣無故發火**：是因為主管在系統中是員工的上級。
- **打老婆的男人**：是因為在社會上他是弱者，憤怒無法流動，他們只有到了老婆面前才強大了點。而能征服社會的男人，則可以寵老婆了。所以從這個角度來看，媽媽都希望女兒嫁人要嫁在社會上混得好的，這不是因為勢利，而是因為混得好的男人有別的地方可以釋放憤怒。

憤怒是從強者流向弱者的，並非從正確流向錯誤。但是系統的能量流動，總得有個表現形式，這種外在的表現，通常會以對錯為寄託。

對錯只是寄託憤怒流動的形式，而非本質。

強者不一定是客觀上的強。只要他潛意識裡在那一刻認為比你強大，他的憤怒就會流向你。你能「懟」回去是另一回事，說明你有憤怒能力，那一刻，你認為自己比他更強。

3 「平等」與「等級」

人與人之間的模式有兩種：「平等」模式與「等級」模式。

(1) 平等模式的系統核心是「尊重」

在平等模式裡，我們彼此平等，大家只是社會分工不同，但人格絕對平等。

在家庭系統中，我可以賺錢比你少、做的家事比你少，但我們人格平等。

在工作系統中，我可以職位比你低、權力比你小，但我們人格平等。

「平等」兩個字，說起來容易，但是對人的理性和人格的要求都非常高。

我們的社會，本質上是「等級系統」的社會。無論我們怎麼呼籲，人人平等也好，人權平等也好，絕對的平等模式都是個理想化的存在。

(2)等級模式的系統核心是「權力」

大致上來說，主管比員工更有權力，父母比孩子更有權力，甲方（業主）比乙方（承包方）更有權力，消費者比商家更有權力，粉絲比明星更有權力，資源多的人比資源少的人更有權力，道德占上風的人比道德居下風的人更有權力，懂得多的人比懂得少的人更有權力，做對的人比做錯的人更有權力。當然，這些不是絕對。

更有權力的人，就處於系統的上層，就更有「發火權」。

在等級系統中，權力方和被權力方有兩條關係線。

一是明線：在「事情」上，你要按照我說的去做，在事情層面上照顧好我。

二是暗線：在「情緒」上，你要接住我的憤怒並自行消化，在情緒層面上照顧好我。

- EQ（情緒商數）低的人，只能看到明線，一板一眼地做事情，執行任務，像個二愣子。EQ高的人，能看到暗線，會把權力方的情緒也照顧好。所以EQ高的人自然就比EQ低的人混得好。低EQ者則抱怨著高EQ者：就會拍馬屁，沒什麼真本事。
- 在家庭中，家事做得多的那個人好像更高一等，就自然具備了更大的「發火權」。所以他做了很多家事，你就要在明線上配合好他，一起做；暗線上，你得老老實實地接受他的批評和憤怒。賺錢更多的那個人也是這種情況。

所以若有人無緣無故地對你發火，只是因為他潛意識裡認為你比他弱。實際上在這個系統裡，你不一定比他弱。

4 怎麼辦？

面對別人憤怒的方式，展現了一個人的EQ。EQ從低到高，對應的處理方式依次為：

- **委屈。**
- **「懟」回去。**
- **迴避。**
- **消化。**

消化別人的憤怒，不是你的義務，但展現的是你的EQ。

前三種不多介紹了，想必你已經很熟悉了。我們主要談如何輕鬆消化別人的憤怒，成為高EQ的成功人士。

(1) **區分**

首先你要知道：有時，發火代表一種權力，無關對錯。

即使你是錯的，只要你更有權力，你可能也會成為對的，而不會成為被發火的對象。即使你是對的，只要你沒有權力，你可能也會成為錯的，而被人發火。

因此，面對別人發火時，你就會知道，在他的世界裡，他認為自己比你高一等。

當你能明白發火有時與對、錯無關，你就能進入EQ的領域了。

(2) **自問**

你要問自己：

- **我離得開他及這個系統嗎？**

如果你離得開，你就可以反抗了。你可以拍桌子、發火、扔雞蛋、爭辯，任何花式反抗都可以。若懶得反抗，你就封鎖對方、絕交、遠離、分手都行，這幾種方式，都可以讓他的憤怒在你這裡終止。

如果你離不開，那就需要「隔離」了。「情感隔離」，是面對憤怒非常好的回應方式，就是讓別人的憤怒經過你，但不停留。你只要認清楚這份情緒跟你沒關係，你就可以隔離掉了。他只是在對這個角色發火，並不是你。這個角色換個人，他也會找理由發火的，跟你沒關係。

人在什麼時候離得開，什麼時候離不開呢？

這就取決於你對他人的需求是否為必要的。

孩子只能默默接受父母發火，因為需要父母提供愛和糧食。員工只能接受老闆發火，因為需要老闆提供薪水和職位。學生只能接受老師發火，因為還得在這裡上學。明星只能接受粉絲發火，因為需要粉絲提供支持。

當你不需要他人時，你就可以遠離或反擊了。當你需要他人時，就忍忍吧。人家給你錢、資源、安全感等，你就得讓人家情緒「爽」一下。這是暗線的交換，別要太多了。

(3) 原諒

你對別人的憤怒起反應，通常是因為這激出了你的「弱小感」。

如果你願意，可以嘗試看到並原諒小時候那個弱小的自己。你可能也遭受過別人無端的怒火，那時候你十分弱小，不得不認為是自己的錯，然後拚命改正自己，以消除別人的憤怒。但是現在不一樣了，**你長大了，別人的情緒，不需要你負責了。**

(4) 包容

更高的EQ，是消化別人的憤怒。

他人莫名其妙的憤怒，你最多有百分之十的責任。但是，如果你看到他的憤怒來自別處，你就理解了他。

他給你憤怒，你還以包容，你就成了他的容器。他的憤怒便會降下來，並因此產生愧疚心，從而對你心生感激。

包容不是忍讓，而是以獨立姿態，不帶委屈地看著一個「寶寶」在那裡哭。等他哭完了，你以成年人的方式安慰他，告訴他：乖，你真可愛。

包容，是一種EQ力。

消化別人的憤怒，不是你的義務，卻是你的EQ。

不要抱怨別人為什麼把憤怒情緒給你。你需要他，就得接受；不需要他，就離開。

不要抱怨別人為什麼不接住你的憤怒。你要問自己：

你能給他什麼，讓他願意為你接住憤怒？

不要抱怨別人為什麼不尊重你。你要問自己：

你有什麼本事，讓別人尊重你？

第二章

所有的憤怒都是在說：「我需要你。」

化解憤怒的根本方法，就是「為自己的需要負責」。

1

你生氣過嗎？
會對誰生氣呢？
生氣的時候，你在想什麼呢？
你怎麼處理自己的憤怒呢？是習慣壓抑，還是發洩？
你最近一次生氣，是什麼時候呢？

我想起的生氣事件有很多。

對爸爸、媽媽有很多憤怒。過年回家的時候，對媽媽最多的憤怒就是：能不能不要管我，不要這麼嘮叨，不要同樣的一句話反覆說，不要喋喋不休、千方百計地催我結婚。

對心理師有很多憤怒。為什麼我花這麼多錢來找你，你都不能理解我？為什麼你不能對我主動點？為什麼你不能專業點，要像新手心理師一樣犯這麼低級的錯誤？

對同事有很多憤怒。有次約了同事去見一位客戶，他居然遲到了，我的怒氣差點全都發給客戶。

對路人的憤怒也不少。比如路怒症。

……

說了這麼多，感覺我這個不著名的心理師的「修行」還差很多，經常自己氣鼓鼓的。

我其實最願意回答別人這樣一個問題：**你們心理師也會生氣嗎？**不僅會，而且會氣炸。比如我現在對這個問題就很生氣。

我也見過、遭受過別人的憤怒。

對伴侶的憤怒。嫌棄老公不洗碗、不爭氣、不上進等。

對孩子的憤怒。嫌棄孩子笨、不聽話、自制力低、拖延等。

對我們的憤怒。身為諮商心理師，我們經常收到客戶的憤怒：你們從事心理這行的，為什麼這麼不通情達理？

2

對於憤怒，有很多應對處理的方法：發洩、轉移、昇華、壓抑……

昇華的意思，就是運用憤怒，把憤怒變得有價值。比如說化悲憤為力量。

昇華還有一種表現形式，就是轉化為對自己的瞭解、自我的成長。

憤怒的表面意思就是：都是別人的錯，都是別人不好。可是，你有沒有想過：

- **別人的錯那麼多，為何你偏偏在乎這個？**
- **錯的人那麼多，為何你偏偏在乎他？**
- **他的錯，跟你有什麼關係？你為何如此介意？**

雞湯學家說：憤怒，就是拿別人的錯誤懲罰自己。那人類為何要如此傻呢？這顯然不符合上帝對人類的出廠設定。

你之所以對他的憤怒這麼介意，答案只有一個：他的錯，影響到了你。如果沒有波及你，你才不會那麼介意他到底有沒有錯。

換句話說，就是如果他不做錯，我就不會受傷，就不會有損失。所以**憤怒的意思就是，你要為我負責。簡而言之就是：我需要你。**

我為什麼需要你來為我負責呢？因為我自己做不到，我保護不了自己，我照顧不了自己，我無法對自己負責，所以我需要你來替我負責，你來照顧我。

我們對別人的憤怒，都是對自己的憤怒的向外轉移。我們自己做不好，對自己有憤怒，但我們不能承認對自己的憤怒，就只好把憤怒轉移給他人。

3

我對媽媽的憤怒就是如此。我特別需要她別強迫我、別強行要求我去做她認為好的事情，我特別需要她能給我一點空間和自由。

但其實是我沒有辦法維持自己的界限、沒有辦法忽視她所說的、沒有辦法不帶內疚地拒絕她。因為我很難堅持自己的想法，所以我才特別需要她別要求我。

再往深看：我為什麼需要她不要求我呢？她若真不理我了，我就開心了嗎？不會的。因為我更需要的是，她不活在她的自以為是裡，這樣她就能看到我了。我需要被看見。

憤怒其實是我在吶喊：**我需要你看見我、寵愛我。你不要沉浸在自己的世界裡，你要看我啊，看我，看我**。

這和我對別人不主動的憤怒、不回我消息的憤怒、不專心跟我講話的憤怒是一樣的，都是在吶喊：你倒是看見我啊！

我對心理師的憤怒也是：**我需要你理解我，你要理解我，你要理解我**。

當我大聲對心理師喊出這個需求時，我就知道了這憤怒的源頭，其實是我從小就不被爸爸、媽媽理解，他們只會讓我做他們認為對的事，從來不理解我為什麼做別的。

我沒有被理解過，也沒有辦法理清楚自己內心的糾結，還無法表達自己，所以我多麼希望心理師透過理解我，成為我肚子裡的「蛔蟲」，把我內心的「結」給消除了。

我對同事的憤怒亦是如此。他遲到本來就是特殊情況，我自己去見客戶也是一樣的。可是，我自己面對不了，我恐懼，希望他陪我、幫我、給我支持。

他不在，我好害怕，一個人面對不了。他遲到，就讓我失去了支持。我需要他保護我。我對他的憤怒其實是我在說：**我需要你的保護，我怕**。

我對路人的憤怒更搞笑。我膽小，開車不敢靠前車太近，於是經常被別的車一再插隊。我沒有辦法做到與前車不留空隙，就希望路人照顧一下我的膽小。每次被別的車插隊，我心裡就會想：你就不能遵守一下規則嗎？如果你遵守規則，我就被滿足了啊。我對路人的憤怒就是在說：**我需要你遷就我一下，照顧我一下**。

客戶對我們的憤怒也是。責怪我們為什麼不靈活、為什麼不給個方便，實際上就是責怪我們**為什麼不遷就他、為什麼不給他特別待遇**。他希望從我們這裡得到特別待遇、得到自己是特殊的那種感覺、得到「我很重要，值得你們為我妥協」的感覺。

對不洗碗老公的憤怒：我這麼累了，為什麼你不體貼我、不安慰我、不幫助我？**我多麼需要你給我安慰和體貼**。

對孩子的憤怒：為什麼你自制力低？為什麼你不夠優秀？你這麼笨，讓我覺得我好無能，我是個失敗的媽媽。你為什麼不能優秀點，讓我感覺我是個好媽媽、我是有能力的。**我需要你給我價值感，告訴我我很棒，我是個好媽媽**。

所有的憤怒都在說：我需要你。我好需要你。我真的好需要你。

我需要你照顧我，體貼我，理解我，安慰我，保護我，支持我，尊重我，重視我，看見我。我需要你滿足我的這些心理需求。

你為什麼不滿足我？

為什麼！

為什麼!!

為什麼!!!

4

你這麼需要得到滿足，其實是因為你匱乏。

讓你憤怒的事情，只是外在的事情。你每天從早到晚經歷那麼多事，為什麼單單對某些事感到憤怒？

因為這些事，激起了兩種感覺：

- **你內在的匱乏感。**
- **你內在的無能感。**

你很想要，但是自己做不到，所以你想讓別人給。別人不給，你就憤怒了。

從來都沒有人能傷害你。

你沒有能力堅持自己，就會渴望被尊重，就會對別人的要求感到憤怒。

你懷疑了自己的價值，就會渴望被認可，就會對別人的否定感到憤怒。

你無法與自己連結，就會渴望被陪伴，就會對別人的忽視感到憤怒。

你沒能力為自己爭取，就會渴望別人遷就你，就會為別人不讓著你而憤怒。

沒有需要，就沒有傷害。

沒有需要，就沒有憤怒。

你之所以匱乏，是因為你從早年就開始匱乏。爸爸、媽媽沒有能力為你做，你也就沒有內化出這種能力來。所以一直都匱乏著，長大後一有機會，就向別人要。別人不給你，你就憤怒。

實際上，這種憤怒，是你從小到大積壓的對早年照顧者的憤怒，因為他們沒有好好對待你、沒有滿足你。

憤怒是一種移情，就是你把早年照顧者沒給你的，向現在的客體去索取了。你把對早年照顧者的憤怒，轉移到現在的客體身上了。

而現在讓你憤怒的這個人，只做錯了一件事：倒楣遇上了。**世界上沒有單純的憤怒，你對這個人憤怒，只不過因為他激起了你早年的創傷。**

5

化解憤怒的根本方法，就是「為自己的需要負責」。有兩個步驟：

- **第一步，透過憤怒，看見自己的需要到底是什麼。**
- **第二步，為自己的需求負責：此刻，我可以為自己的需要做點什麼。**

(1) 當你憤怒的時候，去聽一聽你的憤怒

- 你到底希望對方怎麼對你？
- 你的渴望是什麼？
- 這種感覺熟悉嗎？
- 誰曾經欠你的？誰沒有為你做過？

我的意思並非不要你去憤怒、並非不要你去索取。憤怒有時是個好辦法，它可以恐嚇、威脅、控制、強迫對方去做改變，只要他改了，你就被滿足了。所以你可以透過憤怒的方式，去滿足自己的需要，這沒有任何問題。

但問題是：當別人無法改變，當別人無法滿足你，你還要固執地、偏執地死死抱著他去索取嗎？

當事實無法改變，當憤怒無法改變任何結果時，你是否依然選擇用憤怒的方式去索取？你可以單純發洩一下、舒服一下，這沒問題。但是你要知道，你還是滿足不了。

你可以嘗試「一致性的表達」：直接把你所需要的告訴他。當這種方法也不行的時候，你就得做點別的來回應自己的需求了。

(2) 你可以停一下，做個決定，為自己所需要的做點什麼

你要知道，這個需求是你自己的，只能你來負責。起碼，當你完成第一步，你的憤怒就會漸漸消退。即使你還是會憤怒，但是你的憤怒會被轉化，轉化成哀傷。

你知道，這跟那個人沒關係。那是匱乏的你、可憐的你、孤單的你、從未被滿足過的你、從小就缺失的你。

所以，**當你憤怒時，你可以不斷在心裡重複默念這四個字：「我需要你」**。

當你恢復一點理性時，自行補充上後面的需求內容。可以的話，嘗試著把這些需求大聲說出來，反覆地說，大聲地喊，去感受那種匱乏。

你應該為那個可憐的自己感覺到哀傷。然後你就可以抱抱自己，對自己說：**我長大了，我可以為自己的需要做點什麼，而不是一直想著依靠別人**。如此，憤怒就成了內心的力量。

願你，內心擁有平和。

其實——

別人無端對你發火，

只是因為他潛意識裡以為自己比你強，

無關對錯。

第三章

他憑什麼指責我？

你為什麼這麼介意別人的指責？

1

你有沒有被指責過？就是有人說你差，說你做得不好、長得不好、性格不好、審美觀不好、這裡及那裡都不好。搞得你很憤怒，很想揍他一頓，但礙於力氣不足或法律等原因，不得不以嘴代手進行還擊。甚至，有時嘴也還擊不出去，好不鬱悶。

那人說的對也就罷了，但他純粹是胡說八道，一點都不瞭解你，就指指點點。你根本沒有他說的那樣差，他憑什麼指責你。

就憑嘴是他的，他有言論自由。你可以用適當的方式制止他，讓他害怕，也可以透過道理說服他，讓他無法反駁。但嘴依然是他的，他的話經由他的大腦控制，而不是你的。

你可以說：他講什麼我不管，扯到我就是不行。很遺憾，無論扯到誰，嘴都是他的，誰也控制不了。對不起，他有指責你的自由。

這真是一件很難改變的事。雖然你也有反駁他的自由，只是，與其抱怨別人憑什麼指責你，不如問問：

你為什麼這麼介意別人的指責？

2

舉例來說，你的長相問題。你長得好看還是不好看，誰發表意見，誰就是用自己的標準來說。同樣地，你做得對還是錯、性格好還是壞，每個人都有自己的一套評價體系。把這些放在自己的體系裡，就會得出自己的結論。

你也有自己的一套評價體系。這就形成了差異，即對於你的長相問題或你做的某件事情，你有一種看法，他有一種看法。經由不同的體系評價，得出不同的結論來太正常了。

也就是說：他認為你很差，應該改；你認為自己很好，不需要改。這是經由兩個體系評價的結果，互不影響。就像大家看到一個蘋果，到底是大呢，還是小呢？有的人覺得這是大蘋果，有的人覺得這是小蘋果。到底誰的觀點是對的呢？他們需要相互說服對方自己的觀點是正確的嗎？

所以別人怎麼看你，和你怎麼看自己，這只是兩個人彼此獨立的觀點。

如果你對別人發表的看法很憤怒，問題就成了：

- **你為什麼想說服他接受你的觀點（認為你不差）呢？**
- **為什麼他只是堅持自己的觀點（認為你很差），你就憤怒了呢？**

3

因為你想把他對你這個人的觀點統一為你的，你希望你們兩個人對於你這個人的觀點要保持一致。即你認為自己很好，他就必須修正自己的觀點，同意你的觀點，也覺得你很好。

有沒有覺得有點強人所難呀？你為什麼非要讓兩個人的觀點一致呢？為什麼非要讓他的看法跟你一樣呢？這對你有什麼好處呢？

是的，一件沒有任何好處的事，潛意識是不會推著你去做的。**我們想改變他人對我們看法的好處就是「親密」**。

我想改變你的看法，你要認同我的觀點，你要自覺地向我靠攏，這樣我們就能親密了。

對於別人的指責，我們無非有這三種態度：

(1) **討好**

認同了他的指責內容，向他期待的方向，努力改正自己。這其實就是向他靠攏，以達成與他親密。

(2) **指責**

否定了他的指責內容，並要求他改為和自己一致的看法。這其實就是要求他向我靠攏，以達成與他親密。

(3) **尊重**

你對我有一種看法，我對我有一種看法。我們兩人看法不一樣，互不干涉。這時候就沒有親密感了。

但實際是，我們內心有與對方親密的需求，才會對他的指責起反應。

4

因此，被指責時產生反抗只是一種表象。我們真正的目的，是想與他親密，甚至是想共生——這一刻，我受不了跟你有間隙，你必須和我保持看法一致，我們不能有距離。

當我們允許別人有自己獨立看法的時候，他就有了獨立自我，他和我們就有了間隙，這是件非常孤獨的事情。同床異夢，大概也就是這種感覺吧。

但這也恰恰是人獨立的部分。我們能否允許別人有不同的看法，就是判斷一個人是否人格獨立的標準之一。

所以你需要問自己：

- **這一刻，你真的這麼渴望跟他連結，與他親密嗎？如果不是，你能允許他和你的看法不同嗎？**
- **這一刻，當他不同意你的看法時，你能承受背後深深的孤獨嗎？**

如果你很想與他親密、連結、共生，那麼你同意他的看法就好了。你只要用心去承認他說的對，你們就有連結了。或者你直接表達你不喜歡被指責，是因為很渴望與他親密，這樣一來，你們的關係也更深了。

我並不是說你不能反駁，我只是說你想透過反駁指責來獲取親密，效率比較低。

5

正常的關係就是：有時候我們看法一致，我們親密；有時候我們看法不一致，彼此獨立。

你不需要時刻都保持與人親密，更不需要與所有人保持連結。有些路人甲乙丙，注定只能是過客，你需要放棄。

如果你此刻不想與他親密，你就可以試試我這個咒語了：

- **你覺得我錯了，我很醜，我很差，這只是你的觀點，跟我有關係嗎？**

當你不想與他親密的時候，面對指責，你就不想反駁了。你強迫我，我可以拒絕。你評價我，我可以拒絕。你怎麼對我是你的事，我怎麼對自己是我的事。我可以拒絕你，但是我不需要改變你的觀點。

第四章

聊天時尷尬了，怎麼辦？

怕冷場，只不過是你偽裝過後的，一場令你疲憊的討好。

1

「尬聊」是個非常特別的詞。

它具體、生動、簡潔、幽默地說清楚了，與不熟悉的人在一起聊天遇到冷場時，尷尬的心情及不得不聊下去的狀態。

無論是一對一單聊，還是一對多群聊，「冷場」都是不可避免的現象。

當沉默發生，遇到冷場的時候，你會怎麼辦呢？

是坦然地沉默？還是緊張地沉默？

是坦然「自嗨」？還是尷尬硬聊？

說話是人的一種本能，透過訴說，人可以獲得大量的快樂和心理滿足感。

我覺得最高級的運動，其實就是聊天了。聊天，可以舒暢心情，可以排解壓力，可以感受溫暖，盡興時手舞足蹈，可以運動大片肌肉。

然而，這麼高級的運動，卻經常被一些人荒廢了，形成了獨有的聊天空隙，進入了尷尬的沉默，還強迫自己運動，也就是「尬聊」。

我們遇到冷場尷尬的狀態時，常常以為是因為沒有共同話題而聊不下去了，所以拚命想找話題來化解。從這個角度來講，解決「尬聊」，其實很簡單，三個小方法，可以輕鬆擺脫尷尬：

- **聊自己。**
- **聊他人。**
- **不聊了，坦然地沉默。**

(1) 聊自己，就是敢於主動去敞開自己

聊我是誰，我的故事，我的曾經，我的見聞，我的家庭，我的興趣，我的特長，我今天遇到的事、昨天遇到的事、明天將要遇到的事，都可以。

當你敢於敞開來主動聊自己，你就是個外向開朗的人。

(2) 聊別人，就是敢於主動關心別人

你是誰，你怎麼了，你的故事，你的曾經，你的見聞，你的全部，我想去瞭解你、想去關心。

當你敢於主動關心別人，你就是個有親和力的人。

2

技術上，解決「尬聊」是很簡單的，只要去說話就可以了。可是你又發現，無論聊自己、聊他人，或是沉默，實際操作都有些困難。

因為讓人感覺尷尬的根本不是沒有話說，而是有很多話卻不知道該說哪句。尷尬的時候，即便腦子裡浮現了成千上萬句話，但就是堵在那裡，出不來。

因為**無論聊自己、還是講別人，都需要突破兩項非常大的心理障礙：怕他沒興趣，怕他覺得我煩。**

我主動跟他講我自己，他會不會沒有興趣聽？會不會覺得我這個人嘰嘰歪歪，很不識趣？

我主動問他，他會不會覺得我很煩人？我主動問的話合適嗎？人家願意說嗎？我這是不是打探別人的隱私，很八卦啊？他會不會覺得我很煩啊？

當你把他人投射為對自己沒興趣，且有鄙視、嫌棄、冷漠、不耐煩等情緒時，你就不敢隨便講、隨便問了。你好怕別人不開心、好怕別人對你有意見、好怕因此毀了自己的形象。所以當不知道說出哪句話最合適的時候，「沉默」就是最安全的方式。但**你可能不知道的是：別人或許是享受這場聊天的**。

首先，被詢問，很多人其實都是很享受的，因為這意謂著被關注。

其次，別人真不想回答你或不想聽你說時，他是有能力拒絕的，你過度替他考慮，把他想得過於脆弱了。

最後，萬一他既不喜歡被你問，也不想聽你說，又沒能力拒絕你，他自己負責嘍。

其實，**「尬聊」真正的潛意識原因是：你對別人是冷漠的，不是真正感興趣，你不喜歡被別人打擾，你就會把別人投射為像你一樣了**。

聊天最怕傷自尊，更怕尷尬。人講自己的時候，講多了就會自帶熱情。人主動問別人的時候，也會先鋪墊好熱情。你一方面熱情主動，他一方面那麼冷漠，你就會覺得越聊越尷尬。這種感覺就是：他都沒主動熱情地問我，我就開始熱情講自己了；他都沒有主動瞭解我，我就開始關心起他來了。我這是不是有點熱臉貼冷屁股啊？是不是顯得我在巴結他啊？這也太沒自尊了。

當一個人把「主動」看成等同於「低自尊」時，當熱情沒有被同樣的熱情回應時，他就

「受傷」了。因為他就像一個嗷嗷待哺的嬰兒，自己還在等待著別人的熱情，怎麼能隨便對別人熱情呢？

自己一個人熱情地和對方聊天，會更尷尬。迴避這種尷尬最好的方法，是一開始就不說，這樣少點尷尬。所以，冷場其實是為了避免說出口後，更多的尷尬。只不過，你可能不知道的是：別人只是沒有足夠的熱情、沒有及時回應你的熱情，就被你斷定為冷漠了。

別人可能也並沒有主動的能力，他也需要你的主動來讓他感覺舒服。他冷漠，可能只是因為他同樣不知所措。

3

不想說就不說吧，冷場就冷場吧，沉默就沉默吧。為什麼不能坦然地玩手機，反而尷尬起來了呢？大家一起擠公車、一起自習，不說話的時候很多，為什麼就沒見你那麼尷尬呢？

其實讓我們尷尬的並不是冷場，而是這三個信念：

- **我不能讓場子冷下去。**
- **我必須要做找話說的那一個。**
- **我必須要找到最合適的話來說。**

這三個信念，在那一刻就像是一座遙不可攀的高峰。對當時的自己來說，是個非常高的目標。越是要實現，挫敗感就越強。挫敗感越強，自己越是排斥，就越是覺得尷尬。

可是，為什麼你不能允許場子冷下去呢？因為你在冷場裡並不舒服，你也投射性地認為別人在冷場裡會不舒服。為了讓他舒服點，你必須要做找話題的那一個。

冷場時，你就會覺得別人都在看著你，期待著你說點什麼。如果你不說點什麼出來，好像就對不起人家了，好像就讓人家失望了。為了讓人家不失望，你必須要說點什麼。

可是說點什麼，你又怕說得不合適、問得不恰當，讓別人不舒服。總之，你會發現：不敢說、不敢問、不敢沉默，都是因為——我怕讓你不舒服，想照顧你的感受。

說與不說，其實都是你在自編自導一場「如何照顧別人」的內心戲。怕冷場、尷尬，只不過是你偽裝過後的，一場令你疲憊的討好。因此，你無法在冷場中坦然沉默著，實際上就是在想：我得為冷場負全責，冷場全部是我的責任。我必須努力改變這個局面，因為冷場了，別人就會不舒服，而我對別人的不舒服負有全部的責任。

- **可是，別人需要你照顧嗎？**
- **到底是誰需要你照顧呢？**

4

你為什麼那麼想在聊天中照顧別人呢？大概有兩個原因。

- **你需要被照顧，你渴望別人主動，所以你把需求投射到別人身上了，認為別人像你一樣脆弱。**你希望藉由照顧他，來達到照顧那個脆弱的自己的目的。可是你又做不到照顧好他，你就難受了。
- **在你的童年，有一個重要他人很需要你照顧他的感受。**你總是委屈自己、忽視自己來讓他感覺舒服點，所以你形成了「別人不舒服，我就得照顧他」的信念。然而在長大後，你就會發現別人是不需要你照顧的。你和別人是平等的。

假如冷場真的是不好的，那這個結果也不需要你負責任了。你最多對冷場有五十分責任，另外那五十分，你要還給他。你不是老大、不是講師也不是主持人，你為什麼要對場子冷還是熱負全責。

如果他真的因此不舒服，你也不需要為他的感受負全責。他是個成年人了，對於他的不舒服的情緒，他負全責。

但是對於你的情緒，你就要負全責了。因此冷場的時候，你的任務，就是讓自己感覺舒服點，而不是讓他感覺好受點。儘管你們都需要感覺舒服點，也只能先為自己的情緒負責。

因此，如果你想聊自己，那就聊自己好了，不用怕他不舒服。當你坦然講自己的時候，你要知道，別人沒有你想的那麼冷漠，會對你有興趣的。不要怕得罪他。

如果你想瞭解別人，就是想八卦，那就去問好了，不要怕得罪他。你要相信，他有承受能力，如果他不喜歡你問了，他會拒絕的。即使他沒有能力拒絕，那他要為此負責的。

如果你覺得不想說話，話不投機，那就玩手機、玩牌、摺紙飛機、上廁所、找藉口離開、直接離開、不說話沉默，都行。

5

不管別人，那不就是自私了嗎？更深的層次，你在潛意識裡可能有這樣的信念，「讓一個人不舒服了，就會失去他」、「讓別人不開心了，他就會懲罰我」。

因為在你小時候，你讓某人不舒服，他就會擺出一副不想再要你的姿態，或者會懲罰你。以至於你覺得只有讓別人舒服，你才是安全的，別人才會喜歡你。

你需要別人，你怕被懲罰，想與他建立關係，所以拚命想擠出話題來。可是，**透過討好才能建立、不討好就會失去的關係，你真的想要嗎？擁有這段關係，對你來說，有那麼重要嗎？即使你委屈自己，也在所不惜？**

讓別人不舒服一下，又不是特別大的傷害，並沒有什麼不可接受的後果。你可以適當地去照顧別人，但不需要你這麼小心翼翼、戰戰兢兢、緊張兮兮地照顧。想分享就分享，想八卦就八卦，想沉默就沉默。別想那麼多，別怕得罪他，「尬聊」就不存在了。

其實——

別人給你情緒，你可以還以包容。

包容不是忍讓，而是以獨立姿態，不帶委屈地看著一個「寶寶」在那裡哭，

等他哭完了，你以成年人的方式安慰他，告訴他：「乖，你真可愛。」

第五章

你自卑，是因為你太自戀了

你不接納自己不夠好，就不會接納身邊的人不夠好。

在上「潛意識直覺卡」（ＯＨ）課程時，我會帶領大家探索自己的特點，瞭解自己是什麼樣的人。其中，有個環節就是探索自己的優缺點。每次上課，總是會有些人得出這樣的結果：優點都是缺點，缺點還是缺點。

我會問：

你想要一個完美而沒有缺點的自己嗎？簡直太自戀了。

我總能聽到人們說自己哪裡不好、對自己哪裡不滿意，好像整個人生都充斥著自我否定。

然後他們告訴我說：「我又開始自卑了。」

1

人在絕望時，是體驗不到自卑的，他會有豁出去了的「瀟灑」、會有「我就是這樣，你又能怎樣」的「豁達」。

人在自卑時，腦子裡只有一個念頭：我不要現在不好的自己，我要改變，我要改變，變得更好。不，他們應該表達得沒有這麼樂觀，而是：我要好起來。

那一刻，他們的內心充斥著一句咒語：**我只能允許自己好，不能允許自己不好**。

你把這句話重複三遍，會體驗到什麼感覺呢？

人自卑時，其實是不接納自己的不好，只想變得好。

你問他：如果你不允許自己這裡不好，那麼，你允許自己哪裡不好呢？他就會啞口無言，他找不出可以讓自己不如別人的地方。也就是說，凡是他在意的點，他都要求自己是好的，都要比別人好。

一個人要求自己在所有方面都比別人好，就是要求自己成為完美的神。

一個人敢這麼要求自己，那得多自信啊！別說你不要求自己所有地方都好，而只要求某方面好——你把N個「某方面」加起來，就是所有了。

所以當你感到自卑的時候，你是否中了這個咒語？

- **對自己苛刻至極，不允許自己不好，立志做到所有的好。**

2

一個人敢要求自己做到所有的好，那必然是他體驗到了很多滿足感。他必然有一些優於別人的地方，讓他常常獲得讚揚，比如年輕美貌、有些才華、收入頗高、工作體面等，他們體驗到了滿足感並因此驕傲。所以欲望會被點燃，想達到所有方面都比別人好。

當他們想到自己這些優點的時候，就會有種優越感，感覺自己在這個世界上活著真是太棒了。

即使你覺得自己真的什麼都不好，我想，你也一定在你的小圈子裡有著屬於你的驕傲。

但人總是不滿足於自己的優秀，盯著自己不如別人的地方，開始幻想大大改造；改造失敗了，就開始自卑。

顯而易見，讓你感到自卑的只是自己的標準。你設定了一個不可實現的高標準，然後發現自己達不到，於是罵自己「怎麼這麼沒用」。

- **自卑，不過是拿自己設定的高標準打敗了自己。**
- **讓你自卑的不是別人，而是你自己設定的、不可實現的「理想我」。**

3

所以從來沒有人是絕對自卑的。自卑是因為體驗到優秀帶來的滿足感，而想在更多方面優秀。

「自卑」和「自戀」就是如影隨形，必然同時存在。人不可能只體驗到單一面向，就像人不能只經歷白天或黑夜、不能只經歷憂鬱或躁狂。憂鬱和躁狂、白天與黑夜總是交替出現，有的時候甚至同時存在、模糊不清。自卑和自戀也是如此。

- **一個人在你面前展示自卑：**你就知道他時常感到驕傲，優越感很強，某個時刻，他會看不起你。
- **一個人在你面前展示自戀：**你就知道他在心底隱藏著深深的自卑，不想讓你看見。

而無論是自卑發作期還是自戀發作期（**對不起，我用了「發作」這個詞，它雖然是常態，卻不怎麼健康**），這兩種狀態裡，都只有與他人的比較，只有自己，沒有他人的存在，只有自己的感受。他人的存在，只是作為我們的對照組存在的。

那一刻，人已經幻想著自己是世界的中心。我藉由自卑或自戀的手段，都只是想聽你們說一句：你很好。我只是想讓你們提供圍繞著我、認可我、讚美我等服務，因為那一刻，我是世界的中心。

自卑是一種自我中心。

4

你得承認，當你陷入自我否定，覺得自己哪裡都不好的時候，你對周圍的人，尤其是親密的人，容易充滿憤怒，稍有不慎，你就會暴怒。因此，充滿自我否定的人看起來是憂鬱狀態，也伴隨著躁狂發作。

前面說了，「自我否定」是因為你對自己的高要求實現不了，這時，你對自己是有憤怒的。有鑒於你在憂鬱發作期，對自己的憤怒是很難排解的，於是你不得已把這種憤怒向外轉移，當他人做得不完美時，你就成功地把他當成了自己來罵了：**你怎麼能不好，你怎麼能不完美，你怎麼能這麼對我，你怎麼能做成這樣！**看起來跟躁狂是一樣的。

- **自卑是無法對自己的「攻擊性」進行釋放。**
- **暴怒則是對自己「無能感」的憤怒無處宣洩，而產生的轉移。**
- **你不接納自己不夠好，就不會接納身邊的人不夠好。**

所以當你靠近一個自我感覺比較差的人時，要謹防他對你的否定和指責，但那跟你沒有多少關係，那只是他無法實現的自己的部分投射。你也可以為他感到一點高興，當他能夠釋放攻擊力的時候，說明他在好轉。

5

一個人自卑時，會對自己全盤否定，卻接受不了別人對他的否定。

如果他對自己的否定是真的，那麼，他就應該能坦然接受別人的否定，事實嘛，就應該是大家公認的、可以說的。

接受不了別人的否定，是因為他在潛意識裡並不那麼認為。他會默默地渴望別人說他好，因為他不敢承認他覺得自己好。

這時候，儘管別人對他的評價是客觀的，但在他看來也是對他的否定。因為他潛意識裡的自我評價要比現實高。他的自卑，不是因為差，而是與他所要實現的「完美自我」相比顯得差。所以你是不能說他真差的。

因此，自卑的人，多少會有些懷才不遇的感覺。

6

(1) **處理自卑的方法，就是「放下自戀」**

你是個凡人，你有的地方比別人好、有的地方就會比別人差。你比較的不是他人，而是「被你理想化」的他人，因為你只看到了他人的好，而看不到他人同樣的自卑。你是個綜合體，你不能事事都好。

以後你不能說自己自卑，你應該說自己「自戀未酬」，即想實現全能，但失敗了。

(2) **「走出自己，感受他人的存在」，也是一個很好的辦法**

他人和你一樣，都是凡人。

要走出自己，比較好的方法就是「自我悅納」：好的自己我喜歡，差的自己我也喜歡。我允許自己好，也允許自己差，這都是我。我愛自己，所以我允許自己有缺點。

能夠自卑是一種能力，能夠自戀也是。

(3) 覺悟再高一點，你還可以「發現自己，不評判自己」

那些你所討厭的，正是你的發光點。世上從來沒有什麼不好的特質，存在的一切，都有它積極的意義。所有的不好，都是用錯了情境的資源。

第六章

自責或指責，都是「偏執」

「全都是我不好」或「全都是你不好」，這是不可能的。

在我們的網路課程裡，常常會出現兩種人：一種人是玩命自責，一種人是用生命去指責別人。

1

喜歡自責的人會有這樣的規條：如果我沒有滿足你，就是我不好；如果你因為我不開心了，就是我不好；甚至只要你不開心了，不管和我有沒有關係，我都會覺得我不好；如果事情沒有做好，就是我不好，甚至如果沒有達到預期的標準，也是我不好。

有個同學，她在課堂作業中，出現了這樣的規條：

- **假如同事有急事找不到我，就是我的錯。**
- **假如我不在，有事情處理不好，就是我的責任。**
- **假如別人批評我，就說明我不好，我會很難受。**
- **我要去北京上課，就得把工作交代好，如果沒有交代好，就是我不好。**

我給了她一個回覆：你是神一樣的存在，請收下我的膝蓋；你的志向如神一樣的完美，我等只能遠遠崇拜。

做不到一百分，就是我不好。他人出了狀況，就是我不好。這可能是我永遠都搞不懂的鬼邏輯。這只能說明你的期待是自己能像神一樣完美，不能出任何差錯，否則就自虐。

嗯，自責就是一種自虐。因為滿分的人必然不存在，自虐必將發生。

2

喜歡玩指責的人則反之，他們會有這樣的內在規條：如果你沒有按照常理出牌，就是你的錯；如果我不開心了，就是你的錯；即使我錯了，那也是因為你的錯，或者因為你錯在先；你沒有做到一百分，就是你的錯。總之都是你不好。

我們的網課裡還有一位主管，他交代了一件任務，結果下屬沒執行，他就暴怒了。其實，生活中交代對方事情而對方沒有做的情況太多了，但這名主管就覺得：

- **都交代你們了，還不做，就是你們的錯。**
- **有意見不提出，還不執行，就是你們的錯。**
- **答應了，還不做，就是你們的錯。**

聽起來好像竟然無法反駁。我就問其他同學：假如你們是他的下屬，你們會有什麼感覺？然後他們一致覺得：累。這名主管的要求太高，苛刻、霸道、變態。這位主管嚇出了一身冷汗，他說從來沒有直視過自己的這一面。

3

無論是自責還是指責，本質是一樣的：他們把產生現狀的原因和責任歸結為一方，而且這一方要承擔全部的責任。即全部都是我不好，你沒有問題；或者全部都是你不好，我沒有問題。

當我這麼歸結時，你可能會發現：不可能。因為根據常識，我們就知道，責任是雙方的，是多方面因素綜合的結果。

把責任歸結為一個因素，且誇大到了一百分，執著得不可自拔，並調動了全身的情緒來維

護這種單一的想法，讓我想到一個詞：「偏執」。

關於成熟，有一個不全面的標準就是：我們能夠客觀地、全面地、多角度地看待一個問題。我們知道像柱子的、像蒲扇的、像牆的那個東西都叫大象，這叫成熟的認知。而小孩子才會單一地、線性地看待某個問題，且只能從自己的角度出發。所以那幾個摸象的人會爭執起來，其實他們都對，只是不全面、不客觀。

關於責任，對於一種現狀的歸因和責任，我們有三個維度可以去思考，而且**必然是這三個維度同時存在，才叫全面：自我、情境、他人。**缺了一個叫偏執，缺了兩個叫「偏偏執」，或者叫「double偏執」、「偏執兔（two）」。

也就是說：一種現狀的產生，是我的原因、你的原因、問題及環境的原因，同時存在的，各占一定的比例。而且，任何一個元素的改變，都會導致結果的改變。

比如說前面那個自責的人，如果做到了一百分，你是很好，雖然你想做到一百分，但這畢竟不是你一個人能決定的，做不到一百分也不全是你的錯呀。他們不配合、耍賴、懶，你也沒辦法，那是他們的問題。你還得考慮情境和背景：這家公司就要倒閉了，薪水遲遲發不出來，每個人當然非常懈怠。

比如後面這名主管，員工沒有做到一百分也不全是他們的錯呀。你這個主管沒有提供安全的環境，誰敢隨便表達意見呀。你自己能做到承諾了就必須做嗎？尤其是在敷衍的情境下答應的事。自己做不到的事，還去要求別人，就是會被稱為變態的主管呀。這還得考慮情境：你發布命令的狀態、強度是怎樣的，任務的難度是怎樣的，團隊的默契與合作程度是怎樣的，公司文化的氛圍是怎樣的。

總之，每種現狀的產生都是：既是我的錯，又是你的錯，還是情境的錯。同時我們又都沒錯，在一種系統中，我們只能跟著系統的動力去走。當我們不刻意去打破的時候，主管壓力大，任務難度大，系統的動力就會推著我們不去完成了。

在親密關係中，更是如此。那些自責學歷不夠高、脾氣不夠好的人，那些指責伴侶不夠溫柔、主動的人，都是偏執到要某一方承擔一百分責任的人。也就是既不考慮另外一個人，也不考慮問題的情境、背景。

如果你的目標只是讓自己爽一下，那你可以繼續當下的過程就好了。透過自責，你可以體驗自虐的快感。透過指責，你可以體驗發洩的快感。你的身體如此需要它，以至於你如此不理智地先去「爽」了。

可是**只有小孩子才這樣，先爽了自己再說，管他事實怎樣。**

然而，若你的目標真的是想讓事情做得更好，你就要進行客觀的歸因、責任的合理化。合理化的歸因，可以讓你避免陷入情緒漩渦、避免過多的壓抑和憤怒，也會讓你更客觀、理智地看待問題，進而改變現狀。

4 **你可以從三個角度進行改變：改變自己，改變他人，改變情境**，以讓系統動力發生改變，使事情往好的方向發展。不是全部要改變，而是當你改變單一的任何一個因素時，將發現系統動力會發生轉變。

- 比如說在親密關係中吧，你和伴侶產生了分歧。如果你找到自己的原因，進行了改正，伴侶對你抗拒的部分就會減少，一致性溝通的機率就提升，問題被解決的可能性也就增加了。
- 若你發現改變伴侶比改變自己容易，那就用你的溫柔或憤怒來讓對方改變，一致性溝通解決問題的可能性也會增加。
- 假如你發現你不願意改變，而伴侶也不願意，那你就創造一種容易改變的情境，比如：一起去泡溫泉、幫伴侶按摩一下，或者一起度個假，甚至找一處輕鬆的環境，擺脫工作壓力的影響，在這樣的情境下，問題也會更容易獲得解決。有時候，情感之外的其他因素，諸如工作壓力之類，也會影響關係的情境。

因此，當你習慣了自責，你就要找找他人和情境的責任，避免「偏偏執」。當你習慣了指責，你就要找找自己和情境的責任，避免「偏偏執」。

所以，告訴我：

你的目標是什麼？

是要解決問題，還是要讓自己爽一下？

是要做個偏執的「兔」，還是做個靈活的人？

第七章

每個沒安全感的人，都是因為太挑剔

要用大量的證據來證明愛，其實是在證明不愛。

1

經常有個案跟我談起，他們在每種關係裡，多麼缺乏「安全感」。諸多焦慮和擔心，害怕對方有天會受不了自己、害怕自己真實的缺點暴露後會被嫌棄、害怕有天不被愛了被拋棄。或者覺得這樣那樣的人讓他們沒有安全感，做生意的萬一失敗了怎麼辦，年紀小的萬一毛病多怎麼辦。所以他們要用大量的證據來證明愛，其實是在證明不愛，就這樣證明著證明著，真的就不愛了。

有的人因為缺乏安全感而焦慮、擔心；有的人則是因缺乏安全感，而無法開始一段關係。

每當他們說起自己缺乏安全感時，我都會加一句：

你缺乏安全感，是因為你太挑剔了。

他們就會茫然地望著我。

這要先回到「安全感」到底是個什麼東西上。**安全感就是掌控感和確定感**，即你要堅信這個人不會離開你，你們的關係是可控的。當你缺乏安全感時，你就懷疑他會離開你、拋棄你。

根據投射理論：你害怕他拋棄你，是因為你先想到了拋棄他。你不相信他不會離開你，是因為你不相信自己不會離開他。所以他應該沒安全感才對，因為你是隨時會拋棄他的呀。

我那些較敏感的案主會覺察到自己內心的這些想法。不太敏感的人則會急著辯駁：我沒想離開他呀。

2

先說你為什麼會怕他離開。

一個人會擔心另外一個人的離開，這裡面除了愛，更多的是需要。我們需要另外一個人帶來的「滿足感」。也就是說，當你開始擔心另外一個人離開時，一定是他給了你很多滿足感，讓你很享受，你才害怕有天會失去。

這時候你們的關係，更多的可能是一種母嬰關係，因為你看不到你對他的付出和他的享受，你看不到他的害怕失去，你的焦點只聚焦在自己身上，在他會不會離開你上。在你們的關係裡，你只有看到你一個人，而看不到對方，你當然就會害怕被拋棄。不要說「我肯定不會離開他呀」——這是真的嗎？**他的感覺是這樣嗎？你感受過他的感受嗎？**

3

你的世界裡只有你沒有他，你就會缺乏安全感。那麼你做了什麼，企圖增加你的安全感呢？

增加安全感，就是增加你對他的「掌控感」和「確定感」，即：你會對他產生很多期待，期待他的行為、性格、職業等方面，都按照你的想法發生。比如你期待他可以按照你的需求給你買花、做家事、表達愛，按照你的方式滿足你的情緒，成為一個積極、勤奮、上進的人，對未來有保障。當他的一切跟你所想的一樣時，你就有了很多掌控感和確定感，也就有了安全感。

當他的行為與你預期的不一樣時，你就會覺得這個人是失控的，讓你沒有安全感的。其表現形式就是「挑剔」。你會嫌棄他這也做得不好、那也做得不夠。你潛意識裡的本意是希望他能矯正這些行為，來讓你感覺更踏實，然後你們的關係就可以更親密，你就有更踏實的依賴。

你的挑剔是企圖把他變成你理想化的人，以更方便你去向他索取。現實卻非如此。現實是，這裡發生了兩個心理過程：

- **你沒有尊重你們個體化的差異，你企圖控制他了。以一種委婉、溫柔或直接的方式，要求他成為你想要的人。**
- **你把他理想化了，期待他成為你理想中的那個人。你不允許他做真實的他自己。**

4

控制一個人，就是他反抗你的開始。可是理想化一個人，就是你要嫌棄他的開始。

即使他很愛你，他願意為了你的要求去改變自己，一次、兩次可以，第三次、第四次時，他的潛意識裡就會發出吶喊：你這麼挑剔我，就是不愛我。挑剔給人的直觀感覺就是：你嫌棄我，不接納真實的我，不喜歡真實的我。

當你理想化他的時候，顯然是他無論如何努力，都達不到你的標準，何況他做不到二十四小時裡，事事想要努力實現你的標準。這時候你就會真的嫌棄他，以一種負面、否定的方式表達出來：你為什麼做得不夠……為什麼你不去做……

你對他的不滿，不就是想拋棄他嗎？你投射出來，以為他想拋棄你。你會用這個想法來誘導他，讓他來實現拋棄你，以驗證你的想法。

一個人總是處於被嫌棄、被否定、被挑剔的狀態裡，他會有怎樣的反應呢？

如果他夠愛你、也夠強大，他會反過來否定你，跟你吵吵罵罵，企圖把你們的關係從母嬰關係變成男女關係，企圖從你是高貴的小公主高高在上，變成平等的關係。這時候，他吵架失敗了才會想離開。因此，如果他能反過來否定你，說明他還是想愛你的。

若他不夠愛你、也不夠強大，他就會接收到你想要拋棄他的信號，然後默默離開。累，覺得不能再愛了。是的，他是真的想要離開你的，你的擔心是對的。然後你就變得真沒安全感了。

怪誰呢？

你透過一連串的否定和挑剔想把他推開，而導致他真的想離開了。這並非他的本意，是你對他不滿了。

5

怎樣才能真正增加你對一段關係的安全感？很簡單，就是看見另外一個人，尊重他，並適應他。你們有很多的不同。

真正能完成對關係的掌控的感覺，不是要透過挑剔對方來完成你的掌控感，而是適應對方，發現對方。不挑剔他，給他安全感。

適應對方的意思是，你的標準並不是這個世界的唯一。

和你的標準不一樣的，不一定是不好的。因此你需要放下對他的評判，他不是哪裡做得不夠好，只是他的生存方式和表達愛的方式，與你不同，僅此而已。你是對的，他也是對的。你需要走出自己的世界，看見他並走向他，去**好奇**他為什麼與你不同，而不是評判他這樣不對、那樣不好。

某種程度上來說，你需要圍著他轉，以他為中心，你才能發現他的世界。

圍著他轉，並不是你就沒有自尊了或失去自我了。我曾經寫過〈自尊心強是一種怎樣的卑微體驗〉一文，詳細描述這個過程，你如果太在意自尊，那你就太折磨自己了。

圍著另外一個人轉是一種愛的能力，這不代表失去自我。這感覺就是：我去北京旅行，我就是要圍著北京轉一轉。這不代表我就失去了我的城市、我的故鄉了。我想回來，隨時可以回來。**我想瞭解你，所以要圍著你轉、進入你。**

你不能躲在自己的城市裡怕失去它，而大聲地吶喊：「北京，你改變一下吧！我要瞭解你。你必須變成我想要的樣子，我才能瞭解你。」

發現對方，意思就是當你放下評判，你會發現另外一個精采的世界，然後你會由衷地讚嘆並欣賞這個世界。他這樣做有哪些好處，帶給了他哪些便利。你可以向他學習。這時候他的不同，不是來增加你的不可掌控感，而是要讓你借助他增加自己的經驗。也就是欣賞對方和你的不同，而不是透過挑剔來讓他跟你相同。

還有就是，你挑剔他、批評他，是因為你在挑剔自己，嫌棄自己。這點以後我會具體說。

當你能走進他、適應他，當你能發現他、欣賞他，你覺得對於你們的關係，你還會是沒安全感的嗎？

世間所有缺失了的安全感，都是因為自己太過挑剔，怨不得別人。

第二篇

我不完美，但值得深愛

無論你怎麼說，我都是一個有價值的人。

第一章

你所追求的「足夠好」，其實謀殺了你的生活

我又不是所有地方都很差，有什麼關係？

1

有時候你永遠不知道你有多差，直到你遇到很多比你強的人。

之前我到英國塔維斯托克中心（The Tavistock Centre，英國極富盛名的心理治療訓練機構）參加一項專業培訓。這項培訓屬於比較進階等級，參加的人自然也都比較厲害。先不說別的，就單單說語言，我蹩腳的Chinglish在Hello後就沒了，只能被別人說So shy。

我們學習團帶的中文翻譯，感覺就是為我一個人準備的。

這些中國學習者們，好像是在英國長大的一樣。經濟能力也都一個比一個厲害。

我是下了很大決心才願意付這筆學費、路費和住宿費的，因為我實在太想來學習了。可對他們來說，這好像是來購物散心的，買東西時，感覺像是他們家的銀行開到了國外一樣。在他們面前，我覺得我木訥、土、不合群，緊張又尷尬。尤其是出門一起吃飯時，好心的女孩幫我翻譯了服務生的話，我覺得無地自容。很不習慣被女生這麼照顧，這和我在北京時的生活完全不一樣。

我很想努力聽課，但外國人說話怪怪的，翻譯過來就更怪，弄得我總走神。老師講完後，補充了我能聽懂的兩個單字：Any questions? 我沒得問，我想我的腦子被海關扣住了吧，沒能帶來。只能聽聽他們問什麼，來嘗試還原一下老師講了什麼。好不挫敗。跟他們在一起，我心裡一直在說「不好意思，給大家添麻煩了」的獨白。

我覺得我不夠好。

2

當我覺得我不夠好的時候，身為一個訓練有素的心理工作者，我問了自己一個問題：**我為什麼覺得自己不夠好呢？**

嫌棄自己不夠好，實際上是在說：我想比你好，不想比你差。

自卑首先是一種攀比。**世界上不存在真正差的人，差只在比較中才能產生。**當一個人覺得自己差的時候，這個答案一定是與一個優秀的人比較所得，可能是現實中的××，可能是想像中的××。

而自己又不接受比那個人差，所以就責怪自己。因此，自卑也是一種競爭。當我意識到自己在與這些人攀比競爭時，我就做了個決定：「放下」。然後跟自己說了聲「沒關係」。

我只要往外面走，總能遇到比我好的人，總會被一些人比下去。我不可能比所有人都好，我也不需要比所有人都好。

此刻我比你差，沒關係的。我還有很多朋友、家人和支持者覺得我很好。想到他們的時候，我就覺得溫暖。

人的一生，其實就是接納自己平凡的過程。

你總會在一個群體裡，覺得自己很棒；總會在另外一個群體裡，覺得自己很差。總會遇到一個人，讓你覺得你很好；也總會遇到一個人，讓你覺得你很差。

我又不是所有地方都很差，有什麼關係？

3

我嫌棄自己差的時候，說話都覺得尷尬。

在人群中，如果你覺得尷尬，內心深處一定有這樣的想法：我這麼差，你這麼優秀，你一定不會喜歡我吧，一定不屑於跟我這種人做朋友吧。

我好怕你不喜歡我，我一定得有所表現，才能避免你不喜歡我。可是我又不知道怎麼表現才能讓你喜歡我，所以就手足無措。

尷尬來自非常渴望與別人連結的衝動，然而能力又跟不上。

我想像了一下，如果我遇到了馬雲，他也會對我很客氣，然而，不會和我做朋友，大家不是一個層次，強玩會很累的。就像電視劇《歡樂頌》裡，趙醫生去酒吧找曲筱綃，看到了她那些土豪朋友們的帳單，整個傻眼。大家不是一個層次的，真的沒辦法一起玩。

然後我又跟自己說了聲沒關係。我是可能不被你喜歡呀，可那又怎樣呢？沒關係的，你能喜歡我更好，不喜歡也沒關係。我不需要所有人都喜歡我。只要我出來見人，這個世界上總會有人不喜歡我，即使不是因為我差。

我們分開後，回到各自的世界裡去，還是有很多人覺得我好，還是有很多人喜歡我。

我不怕你不喜歡我。我有能喜歡我的人就夠了。我又不是被所有人都不喜歡了，有什麼關係？

4

上課的焦慮。

我的焦慮在說：你不能浪費時間啊，花這麼多錢來了，多貴啊。你要好好學習啊，大把的時間泡在這裡，不能浪費啊。既然來了，你就要好好聽課啊。既然聽了，你就好好消化啊。

焦慮的深層次含義就是：你必須一點都不能浪費，你必須要最大化地做好。

焦慮，其實就是給自己設定了過高的目標，超出了自己的能力。

專心聽全部的內容，顯然超出了我的能力。我想來這裡的這些人也是吧，沒有人能全部吸收、消化。

即使他們聽到了，也不一定記住了，不一定消化了。也許他們和我的差別，就是他們能消化百分之三十，而我只能消化百分之十。

可是那又怎樣，有什麼關係？這些內容，我不需要全部消化。

如果我這幾天，學到了一、兩個知識點，就足夠了呢。即使沒學到，起碼我終於有機會走出了國門，看了看國外。

我不需要利益最大化。

5

有了「沒關係」和「不怕」，我覺得在與他們往來時，我坦然了很多。

我不再勉強自己一定得與他們連結，不再渴望他們覺得我好，我放棄了這個想法。

我接受了自己的侷限性。然後我發現自己變得可愛起來了。**接納自己，就是不攻擊自己。不攻擊自己，就不會對外攻擊別人。**

我想我可以做真實的自己了。這個勇敢，來自兩方面：

(1) 來自「相信」

我相信我其實不差，是我投射了自己的差。我只看到了他們的優點，看不到他們的缺點。只看到了我對他們的羨慕，看不到他們對我的羨慕。

我相信其實我並不差，大家只是擅長的領域、生活重點與生活方式不同而已。我更相信即使我真差，他們也不會嘲笑或嫌棄我，正如我不會嫌棄比我差的人。

(2)來自「不怕被不喜歡」

你不喜歡我沒關係，你覺得我不好也沒關係。只要我喜歡就可以了。至於你喜歡與否，真的沒關係。重點是我相信，無論真實的自我是怎樣的，總會有人喜歡。

我也發現我聽課時輕鬆了很多。我知道，塔維斯托克一定把某些精神傳達給了我。我可以學得不多，但我一定能學到一些。

6

你是不夠好啊，可那又怎樣呢？

我們小時候不被允許差、不被允許不夠努力。所以我們總是快速、努力、拚命往前走，追求得到很多人的愛。

但是我們現在長大了，我們可以學習愛自己了。學會跟自己說沒關係，就是放過自己。放過自己，就是對自己最大的寬容。對自己寬容，就是愛自己。

「沒關係」不是放棄自己，而是別太勉強自己。去做能做到的，原諒自己做不到的。為能有人喜歡而感到開心，不為不被喜歡感覺自卑。你按照自己的節奏慢慢走就好，這就是做自己。

不是要走出多麼優秀的路，但**一定是屬於你最特別的路，那是你為自己而訂製的路。**

你要相信：做真實的自己，總有人喜歡，總有人不喜歡。做真實的自己，總有人覺得你好，總有人覺得你不好。

做偽裝的自己也一樣。卻會把自己搞得很累、很緊張、很尷尬、很挫敗。何必呢？

把真實的自己放在那裡，等待著被一些人愛就好。

第二章

聽話的人生，是不會「開掛」的

說什麼「大家都這樣啊」，其實就是你不敢有自我。

之前聽一個女孩抱怨了很多，聽得我感慨萬千，以至於我想寫篇文章，也說說我的看法。

就叫女孩「Y」吧。

1 誰的工作不辛苦？

Y是做銷售工作的。就是那種沒什麼大背景、沒什麼超級業績、沒什麼權力，工作時間固定的普通內勤銷售人員。

Y的抱怨有：

(1) 花式加班

晚上加班。開會要加班，不下班不開會，一開就停不下來；有客戶要加班，客戶不來，人不能走，客戶不走，人更不能走；聚會要加班，公司三天兩頭地晚上聚餐，主管說這是建立團隊意識，是凝聚力，必須要參加的。

週末加班。有時候是以工作忙、業績緊為由；有時候的加班理由是：業績沒完成，取消休假；有時候，加班根本不需要理由。

中午加班。客戶要是十一點來，午飯被拖到下午三點沒得商量。

(2) 客戶刁難

做銷售的嘛，Y說，客戶就是上帝。上帝一來，只能逢迎。你把客戶當上帝久了，他也把自己當上帝。

經常有客戶吹牛、挑剔，發洩完情緒走了，留下Y獨自嘆息。有時候運氣好點，不是獨自，是和同事一起嘆息。只能安慰自己：銷售嘛，就是有很多單成不了，但你還是得認真對待所有有興趣和假裝有興趣的客戶。

(3) 主管變態

Y說，主管批評起來，她都很想遞杯水，問一句：這麼能說，不累嗎？

有一次，Y來了例假肚子疼，想請假回家。主管說：「誰沒來過？就你毛病多。」

有個新婚女同事懷孕了，主管以「工作壓力大，對腹中孩子不好」為由，把懷孕同事調到了環境糟糕的後勤部門，逼走了同事。Y說，我也怕，彷彿看到了自己的明天。

(4) 同事關係

這是個複雜的東西。同事之間都是「塑料情」，表面堅不可摧，底下暗流湧動。部門雖小，但是關係錯綜複雜。Y說，她從來不和別人爭，也玩不轉鉤心鬥角。別人跟她搶業績，她就讓給人家。

(5) 沒對象

這個就很好理解了。你把青春全奉獻給了工作，要娶你回家，不得先把你整個部門娶回家？

我一開始聽的時候，對女孩充滿了心疼，「不累嗎？」女孩說：「累，但是沒辦法啊。這就是生活啊，這就是人生啊，這就是工作啊。哪有工作不辛苦？誰的人生不委屈？……」

Y給我上了很多人生哲理，讓我感覺自己過了一個假人生。收入是人家的二十倍，辛苦卻不及人家的二十分之一。

我給了Y很多建議：拒絕啊，辭職啊，換工作啊。又講到了很多關於創業、格局、新媒體之類的話題，聽得Y一愣一愣的，她問了句「然後呢？」，把我問住了。我意識到，阻礙Y實現輕鬆富足的人生的，不是能力，是她沒意識到的心理狀態。

2 乖孩子的邏輯

Y所沒意識到自己的邏輯就是：我必須要絕對服從於權威。

因為主管是有權力的，所以我得聽主管的。即使主管的要求非常不合理，我也不能拒絕。當我嘗試提出自己的要求時，一旦被否定，就不能再堅持。因為權力、權威永遠都是能決定我的，而我只有服從和執行。即使自己十分不願意、十分討厭，也要忍著自己的不舒服，強行去執行。

Y的人生就是被這樣的邏輯籠罩著，並且不覺得有什麼問題。

我給Y的建議是——跟主管說：「主管，我晚上有約會，不能工作了。我先走了。」Y覺得我在開玩笑，說我瘋了，這麼做，萬一被辭退怎麼辦。

Y其實也不想幹了，心特別累。但是她可以接受自己辭職，卻不能接受被辭退。

其實Y不能接受的也不是辭退，而是接受不了這樣一個自己都沒見過、失去理性的行為。

Y的世界裡，從來沒有過這幾個字。她從來不知道，**權威除了服從，還可以不執行。最簡單的，就是「拒絕」。高級點的，就是「無視」。再高級點的，就是「提要求」**。

所以在Y的世界裡，對權威、主管、部門提要求，幾乎是一件不會被想到，也更是不會去做的事情。她就是默默工作、默默服從，十分努力，等待晉升。

她覺得，天道酬勤。可是Y不知道的是，天道除了酬勤，也需要人主動、積極。

這是一個「乖孩子」的典型邏輯：我沒做錯什麼，你就不能懲罰我。我全聽你的，你就不能拋棄我。我按你期待的去努力，你就不能說我。

拒絕、無視，乃至於提要求，會讓人感覺自己與權威是平等的人。與權威平等，則是乖孩子所承受不了的體驗。所以在權威面前，Y只有委屈自己去絕對服從，才能覺得熟悉又安全。

3「話語權」歸誰？

客戶關係也是這樣。

客戶處於工作中的絕對上風，所以凡是客戶的要求，Y都必須親力親為，不敢怠慢，十分卑微，陪著笑臉討好客戶，把姿態放得非常低。為了陪客戶，Y什麼都放得下，美食啊，約會啊，健身啊，看電影啊，統統能說放就放。

我問她，你為什麼不能為了自己的需求，說出這樣的話：

- **「王先生，今天太晚了，我要下班了。如果你真想買，我們可以明天談。」**
- **「李小姐，午飯時間到了，我要去吃個飯了。如果你有時間，可以在這等我一個小時，或者下次我們接著再聊。」**
- **「張先生，我今天有事情，不能接待你了。我們約下週二見面再聊好嗎？」**

嚇得Y出了一身冷汗，打死她也跟客戶說不出這樣的話來。Y說，那是客戶啊。

客戶怎麼了？你很在乎這筆成交嗎？比你按時吃飯還重要？你知道這個客戶的成交性並不大啊，你只是不敢拒絕而已。

然後我就說了說我的理論：銷售有兩種，權威式銷售和討好式銷售。

在理財、銀行、房產、保險、實業等眾多行業裡，這兩種銷售型的人都有。權威式銷售的特點，就是客戶巴結銷售，生怕銷售不理自己。這種銷售就是專家、作家、網紅、講師、好朋友……

而討好式銷售反之，是銷售巴結客戶，生怕客戶不理自己。他們是導購、客服、接待……

只是職業的名稱不一樣而已，其實都是銷售。

Y說，她的職位就是這樣的。我覺得不是，**你的心境是什麼樣的，你就會到什麼位置去，就會把那個位置做出什麼特色來。這取決於你是否相信自己值得被當成權威看。**

兩種銷售的最大區別，其實就是誰有話語權意識。

「話語權」，也是Y的世界裡不曾出現的詞。在客戶面前、刁難的同事面前、變態的主管面前，Y都沒有話語權的意識。

話語權的意思是：我是否敢在我們的關係裡，占有主導地位。這點與職位沒關係的。看電視劇《三國機密》時，深有此感。郭嘉目無規則，依然得到曹操重用。在和曹操的關係裡，郭嘉經常具有足夠的話語權。而不敢有話語權的Y，就是這樣的：別人要什麼，就拿去；別人要求什麼，就去做。

我總結Y的處世模式，四個詞：不爭，不搶，不任性，不叛逆。

再用兩個字深度概括了Y的核心信念，就是：聽話。

聽主管的，聽客戶的，聽道理的，聽規則的，聽同事的。凡是這些讓她有威脅感的人或事，她都絕對讓出話語權。

Y說：「叢，我和你們不一樣。你們有能力，才敢任性。」

我說：「不是的。公司留下你，主要是因為你有能力，而不是你很乖。如果你沒能力，再聽話也終究會被淘汰。聽話，只是緩衝了被淘汰的時間而已，改變不了被淘汰的命運。」

可是，**你把重點和時間都放在了如何聽話、如何更聽話、如何委屈自己完成聽話上，這讓你筋疲力盡，疲於應付。結果就是你沒時間、沒精力去發展能力。**

4 聽話，就是不敢特別

不敢拒絕、不敢反抗、不敢爭取、不敢任性、不敢挑戰。在這些「不敢」裡，Y有個無法被突破，甚至無法被意識到的侷限：「不敢特別」。

大家都默默加班，就你一個人不加班。大家都討好著客戶，就你一個人居然把客戶晾在一邊。大家都在忍，就你一個人反抗。這會讓你顯得很特別，很叛逆，特立獨行。

和別人不一樣，很挑戰人的安全感。因為這違背了人的一個本能反應：從眾。從眾雖然讓人平庸，但是安全啊。追求安全，恰好也不能讓人出眾了。

這就是為什麼Y要在一個普通的職位上提心吊膽著、辛苦著、勞累著，也不能去做點讓自己舒服的。

不敢特別，再深入一點思考，就是不能做自己，不能有自我。因為做自己，就是獨一無二的。

當你按照權威、規則的要求，去量身訂做打造自己時，你會成為權威心中最期待的那個人，這樣權威就不會找你麻煩了，你就安全了。可是，你也不能有自我了。

你不能有自己的想法、不能有自己的做法、不能有自己的事情、不能有自我，你所有的想法、意見、事情，都是被權威制定。當你有了自我的時候，你也得自行壓抑掉，服從於權威。

假如你有了自我，那就完蛋了。你的自我需求會與權威的要求發生衝突，你又沒有能力反抗權威，那多痛苦。最好的自我解救之法，就是放棄自我，混沌地活著，一切為權威而活。要什麼特別，要什麼自我，服從就好了。聽話，就是會培養出千篇一律的人。

為了安慰自己，使自己更舒服點，就要給自己講道理了：**大家都這樣啊。人生就是這樣啊。誰的工作不委屈。其實就是你不敢有自我。**

不敢也是對的。權威雖然傷害你，但是也庇護你啊。離開了權威，你不相信自己能獨自存活。與權威平等，你也不相信自己的價值。所以還是乖乖地聽話，混口飯吃吧。

● 後話

出於職業習慣，還是和Ｙ聊了一下她的原生家庭：喜歡過一個男生，但沒有繼續交往，媽媽不同意；每天晚上十點前必須回家，媽媽的要求……

家裡的一切都是媽媽說了算，她說什麼，Ｙ都必須去做。

我問：「你有過叛逆期嗎？」

Y說：「沒有。」

嗯。我微笑了一下，好聽話的孩子。我想，到底是權威變態，還是你太乖？

其實——

認可自己，就是放過自己的過程，

不再以自己的能力、性格，來說自己好不好。

你的存在就是好的，

無須這些亂七八糟的東西來證明。

第三章

我需要你愛我，我怕你不喜歡我

你不用再嫌棄自己，可以大膽地承認自己的需求。

1

「討好型人格」的特點有：

- **害怕別人不開心**。當別人不開心時，總感覺自己有責任要去照顧他人的感受。
- **不自覺地取悅別人**。下意識地做些別人可能會喜歡和開心的事，看到別人開心了會心安。
- **怕給別人添麻煩**。能自己做的事，通常不去麻煩別人，即使自己做更費力。
- **在乎別人的眼光**。經常願意為了獲得別人一點喜歡，而委屈自己做自己不喜歡的事，特別糾結。
- **玻璃心**。特別害怕別人的否定、指責、攻擊，容易感覺到受傷和委屈。
- **害怕衝突**。當與別人有意見差異時，寧願自我犧牲，也不怎麼能去爭取。

- **不擅長拒絕**。拒絕別人時，就會感覺自己開不了口。所以經常被別人踐踏底線，而自己一忍再忍。
- **不擅長提要求**。辭退下屬、要求調薪、要求別人等，對你來說特別困難。
- **容易憤怒**。討好最常有的情緒其實是委屈，委屈累積久了，就會易怒。而憤怒其實是用否定的方式表達需求，以協助自己無法直接表達需求的心。
- **不敢欠別人的**。總是擅長付出，對於欠別人的人情、接受別人的幫助，會有內疚、受寵若驚、不配得之感。
- ……

按這個標準，不知道有多少人能倖免，毫不中槍，並敢於大膽地說出：我一點都不討好！

討好的本質就是：別人比我重要，我只有讓別人舒服，我才是安全的、被愛的。即使我犧牲自己，即使他表面上和我沒關係，即使我不喜歡他，但我還是會把他的感受、需求，放到比我的更重要的位置上。

討好的內核，與外在形式無關。外在的你，可能聰明、強勢、伶牙俐齒、霸氣、充滿戾氣、容易憤怒，一副無所謂絕不低頭的樣子；但**你內在的恐慌、害怕、擔心，都是你討好的本質**。

一句話概括討好就是：你先好了，我才能好。你不好了，是我的責任。

2

我並不贊成討好是一種人格。因為人格具備穩定性，而討好不具備穩定性。你在面對有些人時，討好，怕得罪人。但在面對另外一些人的時候，你並不討好，你反而覺得自己內在充滿力量。

回想了一下，我討好過的人有：計程車司機、女神、主管、客戶、下屬、陌生人。我基本上不怎麼討好的人有：女朋友、媽媽、爸爸、惹了我的人、我自己。

其實，所有人都有討好性的一面。討好頂多算一種習慣性動作，離人格、性格這個級別還差很遠。一個人人都有的特點，算得上不正常嗎？

所以那些總覺得自己的「討好型人格」不好，總想要改改改的人，別太在意。地球上有六十億人和你是一樣的。

3

其實我們面對的他人，分為兩種：我們想討好的人，我們不想討好的人。

而這兩種人的差異就是：不安全的人，安全的人。

不在於這個人的外在是否強大，而在於我們的潛意識會自動評估：這個人是否對我有威脅，我是否能絕對控制得住這個威脅。

如果我感覺到威脅、且對威脅是失控的人，潛意識就會讓我進入討好模式。如果我感覺到沒有威脅、或威脅是可控的人，我就會進入指責模式。若我自身此刻也充滿了能量，我才能進入愛的模式。

這就是人的一種本能，生活中有時往往會欺軟怕硬。

所以你在面對朋友的時候，朋友對你有要求或不開心了，你就感受到了威脅。這個威脅就是：他不開心了，可能會對我有意見，會罵我、說我。我不滿足他，他可能會不喜歡我了，會離開我。他如果因為我而受傷了，就代表我是個壞人了。

如果無法承受這些結果，我就要避免。怎麼避免呢？就是避免他不開心，避免他失望。這樣我就可以體驗到安全和被愛的可能了。安全才是人的第一本能。這是活下來的首要動力。

但是，如果你對這些結果是可以承受的呢？你並不在乎他怎麼看你，你並不在乎他是否離開你，並不在乎他是否喜歡你，並不在乎他對你做什麼，並不在乎在他面前你是個壞人，你是真的不在乎。

或者你非常非常相信一個人不會離開你，即使他不開心也沒有力量懲罰你，你也不是很在意他們受傷。

這時候，你就會發現拒絕是件很容易的事了，你會一點都不討好。在他們面前，你就可以較少地顧及他們的需求，更多地顧及自己的需求了。

4

一個人可能外在跟你沒什麼關係。比如計程車司機、交情不深的朋友。但他對你來說，依然可能是強大的。

你太渴望親密的時候，就會在乎每一段關係。你越是渴望親密，就越是在乎這些感情不深的關係。這些關係是危險的，稍有不周，你可能就失去。所以你要小心討好、維護這些關係。但是，感情很深的關係就不需要拚命維護了，反正又不會斷。

以前我在北京租房時，我的鄰居養狗，很大的狗，把公共區域弄得全是狗的尿騷味，特別難聞。我好幾次鼓起勇氣想和他談談這個問題，告訴他處理一下狗的大小便。但我都沒有勇氣。後來我在與心理師談的時候，就意識到這是一種討好：如果談了，他可能會不高興、可能覺得我不好，就不喜歡我了，第一次接觸，他就不喜歡我了，那以後我就失去這個人了。

雖然我不去談，我們這輩子都不會有什麼往來，我也沒得到過這個朋友。但是懸浮的狀態，起碼有成為朋友的可能。如果我得罪他了，那就是確定了沒了。

對於無所謂的人，我們寧願讓關係卡在「喜歡我」和「不喜歡我」中間，也不願意確定為不喜歡我。所以委屈自己，就可以成就懸浮，避免不被喜歡。

可是，我們為什麼這麼在乎關係，這麼渴望親密呢？

這是個非常好玩的投射。因為你從來沒有認真對待過一段關係，沒有在一段關係裡投入過你的真情，你沒有真正決定過一輩子不離開誰。所以其實你在每段關係裡，都是有退路的，都是隨時準備離開的。這讓你體驗到安全，同時也體驗到了關係的不穩定。

你沒有打算過穩定哪段關係，你也不會去感覺關係是穩定的。你在隨時會離開別人的狀態裡，也會認為別人將隨時離開你。

但你又需要親密。所以只好用這種安全的、大量的、淺淺的關係，來獲得親密感，避免那種深刻的、黏著的、長久的關係讓自己體驗到危險。

只要我怕你不喜歡我，那麼在我心裡，你就是比我強大的。因為我需要你。你有多需要別人，別人在你心裡就有多強大。

別人不開心、失望、有脾氣，真的那麼可怕嗎？

是的，**你的潛意識會放大別人不開心的威脅力**。這是從你早年就帶來的，你的爸爸或媽媽不開心、失望的時候，你就是會遭殃，就是會被懲罰。這時候你會形成條件反射，每當遇到別人不開心、失望的時候，你就會產生本能性的恐懼。你太需要安全了。

6

討好，其實就是我要為別人的不開心負責。別人不開心、失望的時候，的確會在心理上決定遠離你一點。雖然這段關係不會斷裂，但那一刻，你們的確遠了點。你無法承受關係再變遠一點點，你就無法接受別人的不開心了。你太需要愛了。

討好，其實就是我要為我們關係的穩固負責。他們掌握了你的脆弱之處，有懲罰你的能力。你太害怕了，因此你要討好，以獲得安全和愛。至於那些沒有能力懲罰你的，你就可以大膽去索取了。這就是欺軟怕硬的本能。這個本能是為了讓自己更好地活下去，所以不必責怪自己。

重要的是：睜開眼看看，其實你長大了、你安全了。別人可以為自己的不開心負責了，不需要你再負責了。你也不是那個一定需要別人喜歡你，才能活下來的小孩了，你可以承受沒人愛後的孤獨了。

當你再次感覺到討好的時候，不必給自己貼個「討好型人格」的標籤，來嫌棄自己。你可以在心裡大膽地承認自己的需求：我很需要你愛我，我很怕你不喜歡我。

第四章

如何一句話「懟」回去

這也就是如何以一句話與對方建立關係。

被別人指責、否定、批評、評判，是一件讓人很不爽的事情。很多「雞湯學家」在教人「修行」，如何修得不憤怒。我認為這是件非常好的事，這是大智慧。

可是我又認為，中間差了一步。身為凡夫俗子的我們，被指責的第一反應通常是憤怒的。雖然很多人不一定有能力「懟」回去，但憤怒卻是有的。

如何讓一個人在被指責的時候不憤怒，首先，他要有足夠的能力反擊，然後他才可能選擇不「懟」回去。

如果他沒有能力反擊對方，這時候的「不憤怒」，就有很多自我安慰和酸葡萄效應了：我不「懟」回去，是因為我高一等，不是我沒能力。

這種感覺就像是到商場裡，你不買東西。你裝著錢去的感覺和沒裝錢去的感覺，是完全不一樣的。

口袋裡有足夠的錢，去商場沒買東西，你可以說看不上這些沒品味的衣服。

但是口袋裡沒有錢，去商場沒買東西，說你看不上這些沒品味的衣服，我們就有理由懷疑，你這種表達其實沒那麼單純。

所以我覺得，要培養被指責還不憤怒的能力，首先要培養能「懟」回去的能力。

你風輕雲淡地說一句話，對方被憋得臉紅氣短、啞口無言。這種感覺非常爽。

這種感覺就像《墨子・公輸》中，墨子輕鬆「懟」了公輸盤，「**公輸盤九設攻城之機變，子墨子九距之。公輸盤之攻械盡，子墨子之守圉有餘。**」

電視劇《西遊記後傳》裡，孫悟空有句話也是如此：**我還沒有用力，你就倒下了。**

當你知道怎麼「懟」對方，你才能知道如何真正地理解和安慰對方，如何以一句話與他建立關係。

就像是解毒的高手，首先得是個下毒的高手；厲害的工程師，大都曾經是個「破壞大王」；厲害的外科醫生，首先得非常熟悉人體構造。

1

要研究如何一句話「懟」回去，首先你要知道，當別人指責、否定、批評你的時候，為什麼你會憤怒。

憤怒是這麼產生的：

(1) 你潛意識裡認同了他說的

比如一個人帶著蔑視地說你胖，你會生氣嗎？這取決於你是否真的認為自己胖。

如果是，你就生氣了。如果不是，你只會一笑而過。

如果一個人說你懶惰、自私、不守信、自我中心，你會生氣嗎？你不想承認自己是這樣的，你才會生氣。如果你真的不是如他所說，你心裡坦蕩蕩，何必那麼激動呢？

別人的否定和指責，只是與你對自己的看法不一樣而已。看法不一樣，就要生氣？

(2) 你先攻擊了自己，才會被他攻擊到

比如說一個人說你胖，你會生氣嗎？這也取決於你是否認為胖是不好的。

如果你認為胖是好的，你就會開心，即使他帶著蔑視的態度。如果你認為胖是不好的，你就會生氣。

比如有人說「你怎麼三十歲了，還沒結婚」、「你都三十了，還在北京漂著」，有的人聽到了就會生氣。生氣的人首先是攻擊了自己，認為三十歲沒結婚是不好的、在北京漂著不回家是不對的。

如果你堅定地知道這是熱愛自由、追求夢想，如果你享受自己這個狀態，你是不會生氣的，你只會一笑而過。假使你生氣，是因為你也覺得自己這樣不好了。

比如說懶惰、自私、不守信。你對這樣的批評起反應，是你也認為了「自私是不好的」、「人應該守信」，你有跟他一樣的規條了。你也不喜歡自私的自己，不喜歡不守信的自己。

所有被指責後的受傷，都是因為先指責了自己。自己先覺得這樣不好了，才不讓人家說。

(3) 你需要他，他沒滿足你

你同意了他，但是這樣的你是不好的。所以你希望他閉嘴，要求他不能這麼說。你生氣，

是因為你對他有期待，你希望他能不說你不好。你要他閉嘴，如果他一定要說話，他只能說你好，不能說你不好。

當你生氣的時候、受傷的時候，其實是你在期待他認可你。此刻，你很需要他。

(4) 他對你也有期待

當一個人表達自己的觀點，他潛意識裡是希望你同意的。所以當你反駁時，他就想進一步實現自己的期待，加劇了對你的攻擊。他需要你的同意。

而你的反駁，實際上是想進一步實現你的期待，滿足你被認可的需求。

你們兩個人彼此需要著、彼此爭論著。你們在以委婉的、嚴肅的方式表達著「人家好需要你哦」。

2

當你知道自己生氣的原因後，「懟」回去就變得輕而易舉了。

(1)不認同

你對我有一個觀點，我對我有一個觀點。你認為我胖，我認為我瘦。你認為我是個自私的人，我認為我只是對你自私。

你認為我不守信用，我這一次因為某種原因沒守信用，但我是個守信用的人，我只是做不到所有的事都守信用。你認為我懶惰，我只是沒有達到你的標準而已。

你表達你的，我相信我的。大家只是觀點不同而已。當你能區分出別人的觀點和自己的觀點，憤怒就會消失了。因為不認同，否定就進不來。

別人的話就被你堅定的內在，擋在了外面，他只是說了一句假話而已。

(2)不期待

我能夠自我認同，所以我不必期待你對我的認同。

喜歡我的人很多，認可我的人也很多，討厭我的人當然也很多，我不必期待所有人都覺得我好，此刻，我也不期待你覺得我好。

此刻，我放下一定要你來認可我的需求。

(3) 不自我攻擊

我即使自私、不守信用、三十歲還不結婚、在外闖蕩、花心，也沒有關係，因為這不是全部的我。

每個人都有這一面，只是每個人能不能承認而已。誰沒有自私的一面，誰沒有花心的一面，誰沒有失信的時候。

一件事不能代表一個人，也沒有人是絕對好或絕對壞的。有正面、有反面，是一種正常的現象。

當你能接納自己、不攻擊自己的時候，別人的攻擊就無效了。即使他說的是真的，他也只是描述了一個事實而已。

(4) 基於以上三點認知，一句話就可以「懟」回去了

- 「是啊，我就是這樣的人啊。」
- 「是啊，我就是很胖啊。」
- 「……你說的很對啊。」

他就會感覺像一拳打在棉花上。

太極和泰拳是兩種不同風格的招式，都很厲害。泰拳的戰術是快、準、狠。打倒對方的方式是正面回應對方，依靠自己強大的力量，給對方迎頭痛擊。這就要求你的體格是足夠強大的，如果不是，你也會跟著疼一下。而太極則是順著對方的力道使勁，你往這邊打，我就拉著你繼續往這邊走，然後你就被自己的力氣推倒了。

語言的戰鬥，與肢體的戰鬥是一樣的。你攻擊我，我就順著你的話說，讓你落空。你準備好了一連串指責我的話，然而第一回合我就承認了，你後面準備的那一籮筐想指責我的話語，就憋在你那兒，出不來了。

3

如果你想進一步地升級反擊技能，可以在順勢接過他的話後，就趁他沒緩過來時，主動出擊。一句「對」回對方的第二式就是：**明褒暗貶**。

● 自私是不對的。

↓「**那你一定很無私吧，嗯，了不起。**」

● 懶惰是不對的。

→**「那你一定很勤快吧，嗯，了不起。」**

● 有錢有什麼了不起的。

→**「那你一定很沒錢吧，嗯，了不起。」**

● 三十歲了不結婚是不好的。

→**「那你一定三十歲前就結婚了吧，嗯，了不起。」**

● ……

你會發現面對你的這種攻擊，對方是很難再反駁的。因為他對於你架高了的評價，是心虛的。他也做不到絕對無私、做不到很有錢、做不到絕對守信、做不到絕對勤快。

有時，一個人之所以會指責你、攻擊你、否定你，實際上是因為他潛意識裡有很多自我否定。他無法消化這樣的自我否定，所以要轉嫁給你，藉由攻擊你，來感覺他自己是很好的。

他不喜歡沒錢的自己，所以才要說「有錢有什麼了不起」的，來獲得自我安慰。當你把這部分還回去的時候，他是很難承接住的。這種心虛，比憤怒還讓人難受。

4

如何化解被指責，建立關係呢？

實際上就是真誠地誇他。在某些情況下，一個人之所以否定你，潛意識裡只是想讓你誇他。他沒有一致性地表達這種需求的能力，所以想要藉由否定你，來凸顯自己。

你現在學了心理學，可以透過他不一致的表達，看到他話語背後的真實需求了。**他指責你什麼，或許實際上就是需要你誇他什麼。**

他指責你懶惰，可能就是想聽你真心誇一句他真勤快。他說你三十歲還不結婚，可能就是想聽你說羨慕他早早就結婚了。

他不一定能意識到自己這些需求，但是你會發現按照這個方向去誇他，是最有效的，他最受用的。因為他真的需要，只不過他潛意識裡可能對表達需要有羞恥感，所以無法承認。

誇完後，看他掩飾不住的開心表情，你就知道，他是真的需要。

你想要一個完美而沒有缺點的自己嗎？

簡直太自戀了。

其實——

正是不完美，才讓人有了愛你的空間啊。

第五章

別人的認可，對你來說怎麼就那麼重要？

不是別人愛你，你才值得。要相信「你值得被自己愛」。

1

我之前在〈如何假裝自己優秀〉這篇文章裡寫過，人是怎麼跟自己「玩優秀」的：

透過努力變得優秀，讓別人看到自己的優秀，以獲得別人的認可。

透過堵住別人的嘴，不讓別人說自己差，來感覺自己是被認可的。

總之，我們很難逃過這個宿命：想要很努力地做好，愛表現、愛誇張、愛自鳴得意、愛張揚，就會換得別人一句「你真棒」。

我們那麼想聽一句「你真棒」、「你真漂亮」、「你真厲害」、「你真聰明」……

同時，也那麼害怕別人說我們不好，當有風吹草動，感覺自己不被愛、不被認可的時候，就緊張或憤怒不已，好像自己真的不好了一樣。

因為這些人的世界裡有這樣的邏輯：只要不是能明顯的積極、正向地表達肯定，就是對我的否定。只要不是能明顯識別的愛，就是不愛。

剛開始學薩提爾溝通模式時，我會努力告訴我的案主：你是值得被愛的，其實別人沒有否定你、沒有不愛你。是你想多了。

他們會很漠然地望著我，「我的確是不被愛啊。」

似乎他們說得有道理，連我這收了他們諮商費的人，都沒那麼熱情的肯定和愛。

是的，人有時候就是不被愛、不被喜歡、不被認可、會被忽視。但問題是：

2

- **別人為什麼要認可你？**
- **你為什麼這麼需要別人認可你？**

難道你優秀、你聰明、你厲害、你賺錢多、你地位高，我就應該大聲地說出來，然後對你頂禮膜拜？難道因為你善良、你漂亮、你可愛、你無辜、你可憐、你脆弱，我就應該讓著你、誇獎你、鼓勵你，時刻對你說其實我愛你？

再直接點說就是：你好不好，跟別人有什麼關係？我其實是想更直接地說：**即使你變優秀了、可愛了，別人也看不到你，被忽略和否定還是一樣會發生。**

3

人無法透過自身來確定自己的價值時，就會渴望從外界、從他人那裡尋求認同。也就是當我不確定我好不好的時候，我就需要你來說我好，來讓我感受我是好的。當我感受不到你在說我好的時候，我的自我認同就會出問題，這時候，我就會啟動我的防禦機制：「自責」，以與你的否定匹配；「指責」，以讓你的眼光來與我的感覺匹配。

總之，當我無法確認自己的價值時，我就得做些調整，來讓自己的感受和你的看法相匹配。我們雖然無法確定自己的價值，卻還是想讓自己被認可，想感受到自己很棒，這是一種生存本能。所以即使我們充滿了自責，對否定極其敏感，也渴望別人說我們好。

我們內在的自我否定程度，直接決定了對他人認可的需求強度。

一個無法認可自己的人，才會那麼需要別人認可。一個極度無法認可自己的人，就會把對自己的否定投射出去。也就是說，你覺得自己不好，也總會認為別人覺得你不好。你不相信自己是好的，也就看不到別人認為你是好的。除非別人的認可強度超過了你的自我否定度。

所以你才會那麼需要別人認可你，來突破你的自我否定度，讓自己感受到，好像自己真的沒自己想得那麼差，好像也還是不錯的。

4 你多需要別人認可，對自己就有多少批評。是的，你匱乏了。

在你小的時候，你需要透過不斷被認可，來確認「我是好的」這樣一個形象，遺憾的是，媽媽沒有能力給你足夠的讚美和認可，卻總能說出你哪裡不好。所以在你年幼時，就借助她來確認了自己的價值存在：我是不好的。

然而，認可又是人類必需的心理營養，就像鈣一樣。所以你長大後，又會極度需要別人來「哺乳」你，重新做你媽媽當年沒有為你做的事情，重新給你認可，你的潛意識並沒有放棄努力，它一次次想破除當年你所形成的「我不好」的經驗。

但你終究會失敗，除非你遇到一個好的戀人或心理師，能不斷給你鼓勵、肯定，打破你的自我否定，改變你固化的自我形象。

這個人必須自己就能確立自己的價值，他才能夠發現、並隨時表達出對你的欣賞，才能發現你的美。然而，這是困難的。我們這一代人，基本都是伴隨著批評長大的。一個沒得到過認可的人，和你一樣，表面亮麗光鮮，內心充滿了自我否定。他都看不到自己的好，哪有能力看到你的好。

從這個角度來說，那些批評、否定、指責你的人，並非全是你不好，而是他們對自己習慣了批評和挑剔，也會對你那樣。他們的人生只有閉嘴和發現不好，沒有能力給他人認可和肯定。

何況，即使他有能力給你認可，憑什麼要給你。因為別人給不給你認可是別人的事，是別人的權利。

5

別人愛你之前，你愛自己了嗎？

因為你不能認可自己，才需要別人那麼認可你。如果你完全否定自己，記為負一百分，就會需要別人一百分的認可，才能達到心理上的平衡。別人若給你三十分的認可，顯然是不夠的。這就是你為什麼看不到別人說你好，總能看到別人說你不好。因為他的三十分認可，只能抵掉你三十分的自我否定，你還剩下七十分的自我否定需要投射出去，你就會看到他否定了你七十分。

當你的自我認可度達到八十分的時候，你對別人給你的認可就只需要二十分了，沒那麼執著了。別人給你三十分的認可，你就可以接收到了。別人隱晦的誇獎，你終於能聽出來了。

當你的自我認可能夠達到一百分的時候，你就會獲得滋潤，**別人對你的認可，就是多出來的、滋養你的**。別人沒有給你的時候，你也可以自我認可，因為你完全知道自己的價值，獲得安然。**別人否定你時，你有自我認可做後盾，可以客觀看待他人的意見，而不會當成完全否**

定。除非你遇到說話非常有分量的人給你負一百分的否定，才能擊垮你的自我認可防線。

6

怎麼認可自己？就是發現「你是值得被愛的」。不是別人愛你，你才值得，而是「你值得被自己愛」。不再對自己苛刻、批評，不再像媽媽當年吝嗇讚美你一樣，吝嗇讚美自己。你會發現當年媽媽怎麼批評了你，你長大後也怎麼對待自己。

要相信自己是好的，雖然自己有做得不好的地方，但你這個人也是好的。雖然有弱點，但你也有長處。即使在他人看來你一無是處，你也是好的。你沒有的可能是技能、金錢，但是你有的卻是好的品行、人格和從未放棄自己的心。

認可自己，也是放過自己的過程——不再把自己的好不好，與自己的能力、性格掛鉤。你的存在就是好的，無須這些亂七八糟的東西來證明。

你無須別人說你好或不好，你只需要做給自己看、對得起自己的心就可以了。因為你是為自己活的，而不再是他人。所以只要你願意、只要你考慮清楚了，在不違法、不違背道德和良知的前提下，雖千萬人否定，也可以去做了。

然後重新建構：你的好與不好，是自己決定的，得看你用什麼樣的標準來衡量自己。

這麼在意別人的看法，你一定很累吧

你的好不好，和別人沒必要關係。起碼別人的肯定與否，都不應該比你自己的更重要。

自己不肯定自己，還想讓別人認可你。別人不給予肯定，自己就難過或生氣。你怎麼看待這樣的人呢？

當你對別人的否定敏感，當你想要努力獲得別人認可時，你要先問問自己：

- **你給自己認可了嗎？**
- **你認可自己了嗎？**

第六章

面對你的話，我為什麼要急著辯解或否認？

用「我沒錯」來防禦，避免產生「自己太糟糕」的感覺。

我想聊聊「防禦心理」。它一直存在，卻很少被意識到它是決定著我們的溝通的。

1

和我的治療師談完，我淚流滿面，我深深地看到了自己的不自信。想起了小時候，我媽總是對我恨鐵不成鋼。比如說，小時候別人打我，我是不敢還手的，只有被欺負的分。回家後，我媽發現我被小朋友揍了，就會數落我一頓，「你怎麼這麼笨、這麼老實、這麼沒用、這麼無能。」

想起來那時候真辛酸。在外面被欺負，回家又被媽媽批評。後來我打了電話給她，想聊聊小時候她為什麼那麼嫌棄我。

我媽解釋了很多，最後還補充了一句，「那些事都過去了，都沒什麼大事，你別太往心裡去。」她說完這句話，我覺得很委屈，心想：「你對我造成了這麼大的傷害，竟然還想要輕描淡寫？你一點都不重視我嗎？」

後來治療師跟我玩了潛意識直覺卡，我看到了我媽的防禦心理。

她必須要說「這不是什麼大事」、「你別太往心裡去」，必須要解釋，必須要輕描淡寫。

治療師問我，「假如她不解釋、不描述得輕一點，你猜她會有什麼感受？」

我說：「她會很內疚、很自責吧。她很愛我，不能接受自己帶給了我那麼大的傷害。不能接受自己居然不是個好媽媽。」

說完後，我理解了她。她必須要描述得輕一點，說成是小事，要我別往心裡去，必須要解釋她不是故意的。**其實她是說給自己聽的，因為太內疚了，所以要防禦。**她說「別往心裡去」，就是透過幻想沒有給我造成那麼大的傷害，以此減輕她的內疚。

她是因為太在乎，所以才要說別往心裡去。

2

我之前和一個朋友也發生過太多這樣的事。

我曾經傷害過這個朋友，對她做過錯事。我認錯了。但我道歉的方式夾雜了這種感覺：這不是件大事，你幹麼要這麼計較？幹麼要這麼往心裡去？結果她更加計較。這件事一直夾在我們中間，成了過不去的坎，嚴重影響了我倆的關係。

後來她說：「你都對我造成了傷害。你還要否認這種傷害，看不到我受的傷。」

我又否認了，「我沒有不讓你有傷害的感覺啊。」她就更生氣了。

現在想起來，這裡面有很多的防禦心理。

我嘗試把這件事說成是件小事，來告訴她：你不應該感覺到受傷。

因為如果我承認了，我就會很內疚、自責。為了避免讓自己感受到這種內疚、自責感，我自動地想把這事說成是件小事，來避免自己的自責。我怕我真的是個不好的人了。

因為我太怕在她面前感覺自己是不好的。如果我認為自己不好，就意謂著要「被離開」了。我不想離開她，所以要感受到自己還是好的。

由於我太在乎她，所以想要小心翼翼地維護這段關係、維護她的感受。以至於對她一點點的傷害，我都無法接受。

我也成了跟我媽媽一樣的人，做了媽媽正在做、當年也一直在做的事。

或許，這就是代間傳遞吧。

3

我和另一位朋友談了這件事。她也講了自己的故事：她見治療師時，感受到了自己是多麼不自信。小時候，她媽媽也總是否定她，她回家和媽媽聊了聊。媽媽的反應是：沒有的事，我們根本沒有否定過你。我們只是教育你該怎麼做，這是父母應該盡的責任。

後來她也理解了媽媽。媽媽不能承認自己錯了，媽媽怎麼能承認自己是個不好的媽媽、做錯了的媽媽。讓媽媽說自己錯了，比讓她死還難受。所以為了避免讓自己產生那種難受的感覺，媽媽只能透過各種手段來證明自己沒有錯。正是因為潛意識感受到自己可能錯了，才需要在被真正證明之前，先否認掉。

媽媽藉由不承認、不願意看到這個孩子有受傷的感覺，來感受到自己其實還是個好媽媽。而這都是因為她太在乎孩子、太害怕自己對孩子做得不夠好。

雖然結果，都反了。

越是不承認，矛盾越強烈。當我感受到可能會被否定的時候，我也喜歡辯解、否定，喜歡說「不是那樣的，不是這樣的，你說的不對」。

我不能承認你說的對。因為你說的對，就意謂著我可能不好了。雖然你的建議是中肯的，但我的潛意識裡一旦承認了自己是不好的，就會很難受。所以為了不讓自己感受到那種不好，只能否認。

我不能感受到我不好。因為不好了就被嫌棄，不好了就會被拋棄。因為小時候就是在被嫌棄和隱藏的「威脅」中長大的。

4

我常說：「世間所有的冰冷，都是對溫暖的隱藏。」

那些在說「都是小事，你別計較」、「你別往心裡去的人」，都是因為太在乎對方，在乎到了自己無法接受的程度，所以要說「別在乎」以防禦。

所有的辯解、否認，都是因為認為自己錯了，卻無法接受承認自己錯了的後果，不得不用「我沒錯」來防禦，以避免產生自己太糟糕的感覺。

有時，面對自己的真實內心是困難的。當某種感受太濃烈時，我們就會找各種手段不讓這種感受表現出來，或者不讓自己體驗到這種感受。

因為怕愛太過濃烈「燙」著你，所以才要以冷對你。

第七章 這麼在意別人的看法，你一定很累吧

你可以在意，只是好壞看法都是可以的，別讓自己那麼累。

1

首先，在意別人的看法是件好事。別聽「雞湯學家」們說不要在意別人的看法。一個人活在這個世界上，可能不在意別人怎麼看嗎？人是社會動物，需要群體，這是群居動物的生物本質決定的。

在意別人看法的初衷，就是要留個好形象，讓別人能喜歡自己，以獲得更多的愛，這是人的生存本能。如果一個人完全不在意別人的看法了，那真是很危險的一件事情。

只不過太在意別人看法的時候，就會消耗過多，過得很累。你會希望別人說你好，受不了別人說你不好。

當別人說你不好的時候，你就會用三種方式來應對：

(1) 改正

別人覺得你哪裡不好，你先自責一下，然後默默決定改正。你會努力調整自己，滿足他人的需求，以讓他停止說你不好。

(2) 反擊回去

慣性使用指責應對。透過控制別人的嘴巴、矯正他的「錯誤」想法，來實現不說你不好的目的。

(3) 迴避

有些人嘴巴上會說「不介意別人怎麼說」，但其實是很在意的。因為當別人說了他不好後，他就不能好好和人家做朋友了，和沒說之前不一樣了。

因此，那些看起來很懦弱或很強悍的人，其實都是很在乎別人的看法的。一個真正不在意別人看法的人，是不會因為別人的某些評價而形成擾動的。

2

在意別人的看法，實際上就是不允許別人說我不好。

這首先是一種控制。每當有人說我不好，我就要想辦法矯正他的想法。那種感覺就像是我要征服天下人，只要還有一個人覺得我不好，我就不甘心，我就要想辦法征服他，直到他對我有正向的看法。

以前我會覺得拿破崙、成吉思汗他們很了不起，因為他們想征服天下人。學了心理學後，我覺得那些特別在意別人看法的人更了不起。因為比征服天下人更厲害的事情，是征服天下人的思想。

因此，**在意別人的看法，實際是一種自戀：我要讓所有人都覺得我好。**

這樣一個人生夢想，難道不覺得累嗎？

顯然這是一件不可能實現的事情。

眾口尚且難調，何況是對你的看法。無論你怎麼做、做到什麼程度、做了什麼，總會有人覺得你好、有人覺得你不好。**在你身邊，無論你怎樣，都會有百分之二十的人喜歡你、百分之六十的人覺得你無所謂、百分之二十的人討厭你，這就是「二六二法則」**。

你努力一點，可能改變了這個人對你的看法，另外一個人可能就會討厭你了，因為你變了。你優秀了，周圍有人喜歡你了，可是你追求優秀的時候也會忽略身邊的人，親密的人也許會討厭你。

遺憾的是，那些在意別人看法的自戀者們，每當他們轉變了一個人對自己的看法，就會把他放在一邊，去征服下一個人了。

也就是說，他不會對那些覺得自己好的人心生親密，只會對那些覺得自己不好的人心生征服欲望。他只想把時間放在覺得自己不好的人身上，不願意把時間放在覺得自己好的人身上。

3

在意別人的看法，實際上就是心裡裝著很多人。在意別人的看法時，是在害怕別人對自己不滿意。所以你想做些什麼，來讓別人滿意。

因為別人的看法，比你的看法更重要。別人的感受，比你的感受更重要。別人覺得好，才是真的好。別人覺得舒服，你才覺得踏實。如果別人沒有覺得你好，你就沒辦法覺得你自己好。至於你感受到了什麼、發生了什麼、看法是什麼，並不重要；重要的是，別人怎麼看、怎麼感受、怎麼想。

有時候，**指責和控制看起來讓人感覺很強大，實際上依然是一種虛弱和卑微。因為你依然把別人的看法，放到了比自己更重要的位置上。**你得多在乎一個人，才會把他放在比自己還重要的位置上。

一個人越是在意別人的看法，他就越把精力聚焦於別人身上。他做事情的首要出發點不是他感覺怎樣，而是別人會有怎樣的感受和看法。他不是要先照顧好自己，而是要先照顧好別人，讓別人感覺好受。因此，他是忽視自己的。

一個人越是在意別人的看法，他就越是忽視自己。

今天遇到這個人，在乎他的看法，把他裝在心裡。明天遇到那個人，在乎他的看法，把他裝到心裡。遇到一個團體的時候，就把一個團體的人裝在心裡。一個人心裡裝的人越多、越重，他就越是沒有位置留給自己、越是顯得自己不重要。

你說，心裡裝著這麼多人，不累嗎？別人的看法，就真的比你自己更重要嗎？

4

一個人在意別人的看法，實際上是在用自己的方式呼喚維持他們的關係，因為他太渴望這段關係能夠繼續下去。

他們之所以那麼渴望矯正一個人對自己的看法，是因為他們有個很根深柢固的邏輯：

我必須要去付出或有魅力，你才會覺得我好；你只有覺得我好，你才喜歡我；你一旦覺得我不好，你就會離開我。

你不喜歡我、離開我，我無法承受。所以我要用盡我所有的力氣，來矯正你的認知，以保持我們之間的關係。即使討好、指責會讓你離開我，但是在做的那一刻，我的原始動機，是覺得這樣能維護關係。

可是**維護兩個人的關係，是兩個人的責任，你卻一個人扛了起來。**

在你的感受裡，如果你表現不好，對方就會隨時離開你，絲毫不想去維護與你的關係。在你的認知裡，關係是需要你一個人來維護的。在你的認知裡，對方只有兩個選擇：對你滿意，留下來；對你不滿意，離開你。

你從來不會覺得，他也渴望維護與你的關係，他也害怕你對他的不好的評價，他也在意你的看法，他也怕你離開他，他也在努力維護。你只覺得自己一旦不維護，關係就完蛋了。自己稍一破壞、稍一犯錯，關係就徹底沒了。自己一旦不好了，關係就沒了。所以無論如何，你都不能讓他覺得你不好。

一個人努力維護兩個人的關係，真的很累。你更不會知道，即使對方沒有那麼在意跟你的關係，對你的寬容度也會比你想的要高很多。

我們留在一個人身邊，願意與他繼續交往、熟悉、親密，不是因為他有不好，而是當他優點比缺點多、愛你比傷害你更多，我們就願意留下來。

相反地，當一個人真的哪兒都好的時候，我們反而不敢留下來了。因為在這種人面前，我們是無法獲得自尊的。

因此**你要相信：即使你有糟糕的部分，你依然還是被愛的，如此才是正常的人際關係。**

5

一個人渴望很多關係，是因為他渴望很多愛。他想要透過每個人愛他一點點，來滿足自己對愛的需求。因此，一個人在意別人的看法，實際上是因為缺愛。

而被愛的體驗，來自一段穩定的關係。穩定不是客觀的穩定，**只要你堅信這段關係穩定就夠了**。你看那些正在被愛的人，是不怎麼在乎別人怎麼看的。熱戀中的情侶們可以在街頭熱吻，全然拋棄世界；「媽寶男」們可以無條件聽媽媽的話，全然不顧別人怎麼說。

不僅是跟人，跟事也是一樣的。比如賈伯斯，他深愛並堅信著自己的事業能成功，並且從中獲得滿足感，內心裡的愛滿滿的。

如果你有一個很愛你的人，和他在一起很舒服、很放鬆，你感覺到被愛、感覺到自己在他面前很重要，你就會想花很多時間和他在一起，你就會感覺擁有了整個世界。那麼你對於旁人的看法，就沒那麼在意了。

如果你有一個你很愛的人，你有愛的能力，在愛的過程中，就獲得了極大滿足感，就滿足了你對愛他人的需求。很需要一個人不算，很需要一個人只會越來越不滿足。

因此，一個人之所以在意很多人的看法，是因為他沒有一段穩定、深入的關係。一個人需要的關係和愛是有一定比例的，當深度不夠的時候，就只能用寬度來補償了。沒有一段深度的關係，就要有很多淺淺的關係來補償。

在意別人的看法，只是因為你沒有很好地被愛，以至於你不得不去求得更多人的愛。那感覺真的很糟糕。只是，你是否敢於發展一段穩定的關係呢？無論跟人、物，還是跟事。人之所以追求用很多淺淺的關係來補償，其實並非自己真的沒人愛。而是自己不敢被愛、不敢陷入一段深入的關係裡。潛意識深處，會有很多恐懼。

東求求愛，西求求愛，卻得不到一段真正的愛。這樣只有一個人的旅途，會不會很累。

6

所以，**你敢於去愛嗎？敢於被愛嗎？**

當你在意別人的看法，你一定很累吧

在愛裡，你可以發現自己是被接納的，自己可以有不好，被說不好是沒有關係的。在愛裡，你可以感覺到放鬆，你也是被在意的，關係不需要你一個人維護，關係本身就自帶穩定性。

你可以在意別人的看法，只是好壞看法都是可以的，別讓自己那麼累。

第八章
我只是害怕別人說我不好

敢於發怒，敢於拒絕。你的好壞是你決定的，不是別人。

1

最近，我在某間醫院裡研修。醫院來了兩名新病人，都是清純可愛的女孩，舉止優雅。一位是某大學專校的博士生，一位是某國營企業的員工。我難以想像她們為什麼會住到我們醫院來。對了，這是北京久負盛名的精神病醫院。

她們的症狀是：

與人往來壓力大，容易緊張。人際關係不好。情緒容易激動，情感反應強烈，敏感、脆弱，非常害怕別人批評和指責。有些時候能聽到不存在的指責。害怕犯錯，擔心焦慮。常常陷入自我否定，覺得自己不好，甚至覺得自己不適合活著，有自殺傾向。進入躁狂狀態的時候，會想砍

人、罵人，脾氣暴躁，尤其對親密的人。覺得批評她的人說的是錯的，想把他們糾正過來。

聽到這些症狀的時候，我出了身冷汗。因為我曾經也受不了別人批評，很介意別人說我不好。當我聽到別人說我不好的時候，我就覺得日月無光，天空灰暗。

回顧一下我的康復歷程，我還是有很多話想說的。

害怕被別人批評。嗯，滿常見的一個症狀。

先說說我們為什麼害怕被批評。從常理上來說，別人批評你，關你什麼事。你就是任性，能怎麼著。但現實卻是：他人一批評你，你就緊張，覺得自己不好，或者充滿了怨恨。很輕易地就認同了別人所謂的不好。換句話說就是，你好不好，是別人決定的。所以你只能收下或是反抗。

2

你好不好是別人決定的？聽起來有點奇怪，但我們的潛意識裡的確這麼認為了。我們無法看見自己時，只能借助於「別人」這面鏡子來看見自己。別人說我們不好，我們就真的不好了。只是因為我們無法透過自己確認自己的價值和存在，只能借助於別人來確認。

也就是——你是沒有自我的，你的決定權在別人，不在你。你把你的自我交給了別人。

那麼，一旦相信了自己是一個不好的、差勁的、無能的人，就會無助、絕望：我什麼都不會，什麼都做不好，什麼都沒用——那我為什麼活著？行為表現就是自殺傾向了。

可是我們又有生存本能：不，我不能死。所以我們得把自己變得好起來。怎麼變呢？得啟動防禦機制。

我在〈如何假裝自己優秀〉一文裡，談過這些。其中兩點就是：要藉由暴怒、堵住別人的嘴、糾正別人的看法等行為，來讓他眼裡的你好一點；或者透過努力地表現好，不讓一個細節做不好，來避免你在他人眼裡有不好的印象。經由這些防禦機制，就可以形成別人眼裡的你是好的，來確認自己是好的了。

然而，我們無法控制他人，也無法做到完美、不犯錯。所以我們設立的是一項不可能的任務，繼而更加絕望、沮喪。

3

原諒我講到這裡，才開始說重點：

我們為什麼無法確認自己的好壞，而要透過別人來確認自己？

因為你從小就不被允許有自己。一個管太多的爸爸或媽媽，容易造成這樣的結果。

從肛門期開始（兩歲左右），當小孩子開始形成自我意識的時候，他就開始試探：既然我和你不是一個人，那我到底是誰決定的呀？我能不能決定自己呀？他開始抓、握、爬，開始咬、撕、扯，開始破壞，這些都是他的試探。結果他一再被禁止：哪些是該做的，哪些是不該做的。比如說指頭不能放嘴裡，只能放外面。

一個連手指頭放哪兒都不能自己決定的人，他怎麼決定自己的存在。這個無比大的巨人——爸爸或媽媽，有絕對決定他是對是錯、是好是壞的權力。那只能放棄自己的判斷，屈服於那個人嘍。

長大些，這些控制從未少過：哪件事情應該怎麼做，東西要放哪裡、怎麼放，不能做錯；放學要及時回家，不能出去貪玩；考卷分數要誠實回答，不能不誠實。

於是他不能控制自己的手、腳、嘴，這些東西雖然長在自己身上，但是決定權在別人那裡呀。總而言之，他的好壞對錯，不是他自己決定的，是別人。

再長大些，走入學校、社會，面對同學、室友、同事、主管，這些都是父母的化身。在小孩子形成的對父母的最初印象中，他們不僅是個叫爸爸或媽媽的人，而是小孩子生命中所有的他人，是全部。因此，他們認為這些跟爸媽像的人，都有權力決定他的好壞。

這類人，有一個特徵：會批評、指責你，會要求你去做一些事。這個特徵就會觸發你的壓力反應，因為你感受到的是自我不存在了，被剝奪了。這是一種類似於危機反應的狀態——我們如果預感到危機要到來，會陷入恐慌、焦慮、緊張——比較嚴重的就會直接進入自我否定模式：你們都覺得我不好，我也覺得我不好，那我活著幹麼。

4

那麼，如何解脫？

- **重來一遍，重新培養出自我來。**
- **敢於發怒，坦然發怒。**

(1) 重來一遍，重新培養出自我來

我們在兩歲的時候沒做的功課，沒有做好的部分，我們長大了也還是要退回去，重新做一遍的。就像那時候如果沒有學會穿衣服，我們長到二十歲時如果意識到了，就要重新學一遍。

我們那時候沒有發展出自我界限來，我們就要重新發展一遍。慢慢意識到你是怎樣的人，

是你自己決定的，不是別人。別人有建議權、評價權，但是沒有決定權，你才是你生命的主人，才擁有最高權力。

你的好壞是你決定的，不是別人。即使所有人都說你不好，你也可以有針對性地看待：對不起，我是好的，你們都錯了。我可以吸收你們的建議，改變我的一些行為或特質讓我變得更好，但**我這個人的存在本身就是好的，無可爭議**。

具體來說，就是對別人的觀點做出區分，你不認同他們說的，因為你能發展出你自己的標準來評價自己。一個發展良好的人就具有這個功能：客觀的自我評價，良好的自我反思。

(2) 敢於發怒，坦然發怒

發怒、敢於生氣，也是一種比較好的方法。

當我們受到批評、指責時，我們是會憤怒的。然而，我們害怕這種憤怒會招致更加嚴厲的指責、控制，而不敢憤怒，於是就只剩下恐慌。**被壓抑的憤怒，就會指向自己或變成集中敏感的暴怒**。

憤怒是劃分界限的比較好的方法，它能保護自己，推開他人的侵入。

最原始的憤怒也就是來自對父母的憤怒，對他們早年過分指責我們的原始憤怒，以愛的名義進行控制的憤怒。所以我在為諮商個案進行心理介入的時候，會向他們的父母清楚解釋這個過程，讓這些父母能承受住孩子的憤怒，然後讓案主自己宣洩出來。

在生活中也是這樣，那些無端批評、指責、否定你的人，你可以嘗試用憤怒來反擊，維護自己的界限。

學會了適當的憤怒，就開始了再一次長大。因此，憤怒也是一種能力。

5

再往上一個等級，你就會發現沒必要憤怒，因為你已經有了良好的自我界限，不會吸收到他人的批評、指責、控制。這時候，你也就擁有了良好的拒絕能力。

「拒絕」，就是這樣一種自我界限的能力。

我通常會這樣跟自己及部分個案練習，不如你也試試這兩句話：

- **「干你什麼事！」**
- **「我樂意！」**

當然，慎用，看情境。

第三篇

充滿內在力量的自在人生

讓內心持續給予自信，讓自己明白，
我值得被愛，值得擁有美好。

第一章

愛自己，每天都是情人節

問自己：此刻，我做什麼，會感覺到舒適、輕鬆與快樂？

1 愛是什麼？

要知道怎樣才是愛自己，我們就需要先理解怎麼樣才算是別人愛你。

情感專家們經常教感情新手：一個人為你做了什麼就是愛你，做什麼就是不愛。比如最近有人在網上提問：「**七夕情人節，送女朋友什麼禮物好？兩百元以內。**」「專家」們蜂擁而出，紛紛認為送她自由比較好，因為買兩百元以內的東西就是不愛。

但這真的是不愛嗎？他女朋友也同意你的看法嗎？你只能說：如果你是他女朋友，你覺得不被愛。

那麼，你是怎麼知道另外一個人愛你的呢？一個人說了很多愛你的話，不一定是真的愛你。一個人做了很多愛你的事，也不一定是真的愛你。一個人讓你感受到被愛，才是真的愛你，無論他是透過說，還是透過做。

如果一個人做了一些事，讓你感覺到輕鬆、快樂、幸福、愉悅、享受，讓你想要更靠近他，想要有更多，你就會覺得他愛你。如果一個人做了一些事，讓你感覺到壓力、焦慮、緊張、憤怒、煩躁，讓你想離開他，那麼他就是不愛你。

一個人是否愛你，不是他做了什麼或說了什麼，而是你感受到了什麼。

對同一個人，他可能會有時候愛你，有時候討厭你，有時候忽視你。只不過，愛的時候比不愛的時候多，他就成了你的伴侶了。不愛的時候更多時，你們就分開了。

他愛不愛你是一回事，你有沒有感受到被愛則是另外一回事。這個世界上有太多這樣的故事：一個人為你做了很多，並且揚言他是多麼多麼愛你的，卻讓你感覺到快要窒息的壓力，讓你想逃離。

2 愛自己，不是一種形式主義

愛自己，就是為自己做一點事情，讓自己感受到快樂、輕鬆、幸福、享受和生活的意義。

愛自己不是一種形式主義。給自己花很多錢，買好多好吃的，買名牌包包，穿著講究，不一定就是愛自己。

如果你為自己做這些的時候，你感覺到放鬆與愉悅，那很好。但是如果你在做這些的時候，感覺到焦慮與壓力、心疼與不捨，在結束後自責與恐慌，看著衣櫃那麼多衣服罵自己，看著存款數字減少而後悔想剁手，那就不是愛自己。

因為如果花錢帶給你的，並不是愉悅，而是非常糟糕的感受體驗，那這就是自虐。這時候，如果你發現不買東西、省下錢，反而會帶來一種心安和成就感，那麼不買東西就是愛自己。

同樣地，休息、度假、放縱、散漫，都不一定是愛自己。

如果你在休息的時候，感覺到舒服與放鬆，那是愛自己，因為你在享受休息。

但是，如果你在休息的時候感覺到焦慮，總是想工作而無法放鬆，總是擔心自己在浪費時間，那麼這是自虐，而非愛自己。

若你在焦慮的時候，投身工作，奮筆疾書，完成了工作而獲得成就感，非常享受，那麼，工作就是愛自己。

「雞湯學家」們經常說：愛自己，就是要保持自己的獨立，就是自己滿足自己。但在我看來，這種說法也不全面。

如果你自己處理事情時，遊刃有餘，或者在克服困難後，成就感爆棚、自信滿滿，那麼，獨立就是愛自己，因為你真的在享受獨立的過程和感覺。

可是如果獨立的過程，讓你感覺到壓力、寂寞、辛苦、孤獨與委屈，那麼獨立的過程就是自虐。這時候依賴一個可靠的人，才是愛自己。

愛自己不是一種形式主義。不是別人說什麼就做什麼，才是愛自己。

就像開心一樣，很多人都能從買衣服、旅遊中獲得開心，然而這對你來說，未必是享受。你跟風去做這些事情，可能只是在自虐。讓自己開心的辦法，不是做大家都覺得應該的事，而是去問問你的心：有什麼，能讓我真的感覺到開心？

愛自己的內核，就是問問自己：

此刻，我做什麼，會感覺到舒適、輕鬆與快樂？

3 人是矛盾的結合體

人是矛盾的結合體。做一些事情，有時會讓你既感覺到痛苦，又感覺到安心。比如說上進、不浪費時間、節省、努力、勤勞、堅強、健身等。

在做這些事情的時候，有時是非常痛苦的。對於某些人來說，必須發揮強大的理性強迫自己去做，痛苦而煎熬，時常想放棄卻又無法放棄。

因為放棄更痛苦。如果真的變得懶散、浪費、拖延了，雖然輕鬆了，但是你更承受不了。做前面這些痛苦的事，儘管痛苦，但起碼心安。就像在熬夜奮鬥爭第一的時候，雖然煎熬，但是心安。

有些痛苦，是伴隨著心安的。有些享受，是伴隨著焦慮的。兩者比較，我們大部分的人就會選擇吃苦，而不會選擇享受。精神分析專家李嗚老師曾說：**「這個世界上，沒有受不了的苦，只有享不了的福。」**因為伴隨著焦慮的享受，實際上比受苦更難受。

人是拖延與果斷、懶惰與勤奮、放縱與奮鬥、浪費與節省的結合體。若果斷、勤奮、勤奮、奮鬥、節省是A，拖延、懶惰、放縱、浪費是-A，那麼這個世界上沒有幾個人可以做到一輩子只A，而不-A。

愛自己，就是當我的身體需要時，我願意去照顧它一下。當我的心情需要時，我願意去照顧它一下。當我沒做好時，我願意放過自己。當我沒有實現自己的高要求時，我願意告訴自己，這是可以的。

這時候**願意放過自己一點，就是愛自己**。

如此就有享受得起的福了。一個人只有敢享福，在吃苦的時候才會更心甘情願。你要相信，一個人在輕鬆的狀態下，是非常願意去做更多的事，獲取更多成功的。

4 愛自己

愛自己，不應該只是一個口號。你有沒有靜下來，認真想一想：

- **到底做什麼，才會讓你真的開心？讓你覺得真正有意義？**
- **自己想要的到底是什麼？你願意為自己花心思嗎？**
- **每天的你，在愛自己嗎？**

當我們無法愛自己的時候，才會太需要別人的愛。因為「需要別人」的意思，就是你無法照顧你自己。雖然我們做不到完全不需要別人完全愛自己，但我們可以在自己的能力範圍內，給自己更多的愛。

願你能，先愛你自己。願你每天都是情人節。

第二章

想要被愛，放低姿態

有時你需要我，有時我需要你，有時我們彼此不需要。

1

我見過很多人用憤怒、指責、抱怨、哀求的方式，來索求愛，他們的成功機率低之又低。即使對方滿足了他們的需求，也常常是妥協的一種結果，並非發自內心的愛。

但是，許多人以示弱、讚揚、撒嬌的方式，卻會得到一些愛，並且給予他們愛的人還很滿足。

在一段關係中，如果你想得到對方的愛，「示弱」是個很好的辦法。雖然示弱不一定能得到愛，但逞強是一定得不到的。因為愛只能由強者流向弱者。就像水一樣，在自然狀態下，只能由高處流向低處。

愛是一種給予、一種付出。那就只能由多的流向少的。一個人的愛很多，他就是強者。一個人的愛很匱乏，他就是弱者。

當你需要對方的愛，當你對他有了需要，你就已經在一種「需要者」的角色上了。你需要別人，還要讓自己看起來很強大，那就可能會什麼都得不到。

你在索愛時，無法放低姿態，愛就流不進來。

你常說關係是平等的。什麼是平等？平等就是有時候我高姿態、有時候你高姿態、有時候我倆姿態平等。你從來沒有低過，怎麼能算平等？

平等就是有時候你需要我，有時候我需要你，有時候我們彼此不需要。

2

指責是一種高姿態。

雖然在指責時，你的內心極度虛弱、無助。但你依然要用防禦機制，來避免對方發現你的這種恐懼。

你防禦的方式，就是運用看似強大的方式，掩蓋自己內心的脆弱。

既然你掩蓋了自己的脆弱，在別人看來，你指責的時候，就是無比強大，讓人害怕。一個人在被你嚇壞了的時候，還有很多能量來愛你嗎？他只會因為恐懼、壓力而向你妥協或離開你，並且積累對你的恨。

除非他強大到一定的境界，才能識破你的防禦。看到你的脆弱之後，他還需要確認「自己其實很強大」，才有能力去愛你。

這要求太高。

在戀愛初期的雙方比較容易做到。這時候的他們，為了得到對方的依戀，要塑造一個「我很強大」的假象。但這個過程必然難以持續，因為人只能暫時迴避自己的需要，強迫自己變得強大，但做不到永遠假裝強大。

3

哀求和付出是一種高姿態。

當你苦苦哀求對方不要走，拚命討好、付出，姿態卑微到塵埃裡，一副可憐的受害者樣子，你呈現出來的姿態依然是高的，對方感知到的你依然是強大的。

因為「受害者」這三個字，本身就是高姿態，具有攻擊性。他把自己放到了一個道德制高點，彷彿在說：**我都這麼可憐了，你還不對我好，你就不是人，良心被狗吃了。**

「付出者」這三個字，也具有高姿態的攻擊性：**我都做了這麼多了，還交換不了你的真心，你就是不對的！**

所以，當你以受害者的姿態哀求時，對方感受到的是被威脅、被強迫，很有壓力。表面上你的姿態在放低，但實際上你沒放低。這是一種虛弱的誇大、一種威脅的手段。

被哀求的人，無法給出他的愛。他的潛意識會覺得自己遇上了「吸血鬼」：愛了也白愛，給了也白給。

因為受害者就像是一個無底洞，無論你做什麼，他都覺得你不夠愛他，而繼續抱怨。當哀求、付出裡夾雜了抱怨，愛就流不進來。

4

(1) 高姿態的標誌，就是攻擊

如果你有了「你就是應該為我……」、「你就是欠我的」、「男人／女人就應該……」之類的想法，對方感知到的你就是強大的。

攻擊，是潛意識防禦別人發現自己虛弱的一種表現。一防禦，就看起來強大了。攻擊會把對方變弱。把對方變得弱了，還要他來對你付出，是非常不明智的行為。

當一個人把自己放到了「攻擊者」的強大位置上，別人就只會害怕他，離開他。

(2)反之，低姿態的標誌，就是示弱

也就是**承認：我很需要你。你並不欠我的，你完全可以不滿足我，但我好需要你，需要你保護我、呵護我、滿足我。**

男人或女人在對方面前示弱、撒嬌的時候，一定是先給予了對方極大的肯定：我是弱的，你是強的。

撒嬌、會讚美、帶嬌氣的女生，或許在有些人眼裡像狐狸精，但她們做了非常大的一種付出：借助她們，男生感覺到了自己是個男人。但在看起來凶巴巴、強悍的女生面前，男生就只會成為一個被嚇壞的小孩，只想藉由壓制、逃跑來防禦。反之亦然，一個會撒嬌的男人，同樣會讓女生感覺到自己的價值。

所以，你若看起來像個大人，他必成為小孩。你若看起來像個寶寶，他就會成為有愛的大人。

放低姿態的方法有兩種：

- **示弱**。示弱是真誠展示自己的軟弱，而不是假裝。
- **肯定對方的強**。真誠表達出來對方的強大、厲害。

先把他放到強大的位置上，再向他索取，才是明智的選擇。

5

示弱對一些人是困難的。

因為示弱對他們來說，意謂著低自尊、懦弱、無能。

當一個人把自己放到軟弱的位置上時，別人有了至少兩種對待他的可能：

保護他。

傷害他。

軟弱是有會被保護的可能，但也只有軟弱才能被保護。強者需要被保護嗎？逞強也是看起來強啊，這種人需要被保護嗎？

軟弱也可能被傷害，自古就有「人善被人欺」的說法。你把心掏給另外一個人，他卻給予你無情的諷刺，沒有比這更打擊人的了。

如果在你的經驗中，被保護的時候較多，你的自動反應就是：我脆弱，就會被保護。所以當你遇到痛苦時，就能坦然展示自己的脆弱，尋求幫助。

如果在你的經驗中，被傷害的時候較多，你的自動反應就是：我軟弱，就會被欺負。所以當你陷入痛苦時，第一反應就是要逞強防禦，保護自己。

你發飆逞強沒錯。你錯的是，你發飆逞強了，還要人家把你當弱小雞來愛。

6

人的經驗決定了他的第一反應。第一反應又決定了他要使用什麼樣的姿態。

經驗從哪來的呢？絕不是眼前這個人給你的。若一個人有良好的經驗，眼前人的傷害，頂多讓我們離開他，並不會改變我們的認知。

經驗來自於更早期：從小，低姿態大都是不被允許的。你需要媽媽，媽媽說不。你向她展示自己的弱，只會被她無視、嫌棄、指責。

她會把你的生活照顧得很好，但在心理上不會哄你、安慰你、保護你。當你需要她，她只會告訴你：別被慣壞了，自己來。

但你又有需要，所以只能讓自己變成看起來很強大的樣子，邊保護著自己，邊不再相信別人。

7

低姿態是中性的，並不是所有人都會因此而傷害你。

成長的過程，伴隨著嘗試和冒險。你可以嘗試一下新的體驗。**坦誠地放低自己試試，當不被滿足後再收起來也不遲，起碼有了被滿足的可能性。**

但是一開始你就以高姿態索愛，失敗就是一種必然。你要知道：最柔軟的，最堅強。

第三章

你只懂得如何優秀，卻不明白如何去愛

在親密關係中的欣賞是：因為你很好，所以你哪裡都好。

1 優秀了，就會被愛？

人類所有的心靈之苦，本質上來說都是「缺愛之苦」。為了補償，人會發展出許多行為來獲得愛，比如說，變得優秀。

優秀的定義很廣泛，每個人對優秀的理解也不一樣。

比如，作家蔣方舟在《奇葩大會》這個節目上說：「真正能夠欣賞你的人，永遠欣賞的是你驕傲的樣子，而不是你故作謙卑和故作討喜的樣子。」那麼她認為的優秀，就是「驕傲」。

換另外一個人，就會覺得「真正能夠欣賞你的人，永遠欣賞的是你像成熟的高粱般謙卑的樣子，而不是不成熟的張揚和自以為是的驕傲」。那這個人認為的優秀，就是「謙卑」。

我們不去說客觀的優秀是什麼，一個人只要潛意識裡形成某個邏輯，他就會追求他自己世界裡的優秀。這個邏輯就是：如果我成為「A」，別人就會喜歡我。

「A」可以是驕傲、謙卑、獨立、自信、外向、幽默等特質；也可以是會打球、會寫書、會寫程式、會畫畫、會學習等能力；還可以是有業績、第一名、顏值高、腿長、胸大、年齡小、錢多等；更可以是無私、人好、體貼、善解人意等。

與這些好的特點相反的，就是「-A」。

當潛意識裡感覺到自己不被喜歡，我們就會努力提高自己的市場價值。

(1) 比如說：拚命嫌棄自己

我們會每天沉浸在自責、自嫌中，希望把自己身上的-A全部改掉。

「雞湯學家」們常教人接納自己，但只要我們還認為「-A不被人喜歡」，就不可能接納自己的-A。因為我們嫌棄自己的目的，就是為了扔掉-A，以避免被別人嫌棄。

(2)
比如說：努力改變自己

努力、改變、成長、奮鬥，我們用很多好聽的詞鼓勵自己改變，沉浸在熬夜、焦慮、自我強迫中，以成為A的樣子，獲得別人的喜歡。

(3)
比如說：「裝」

努力是勞累而緩慢的，但被人喜歡這事等待不得。所以別怪那些愛裝的人，他們很可能太缺愛，又沒有得到。如果展現真實的我就一定可以得到愛，誰還願意裝呢？

追求優秀的過程，是無法避免焦慮和痛苦的，甚至有時還有抑鬱和絕望。

但許多人依然停不下追求的腳步，因為我們太渴望被愛。我們也的確看到身邊那些優秀的人，獲得的愛確實比我們多。我們自己甚至也會喜歡、嫉妒他們。但你有沒有想過：

為什麼你優秀了，別人就會喜歡你？

2 優秀不同於親密

我們喜歡優秀的人，是因為在優秀的人身上，我們看到了理想的自己。

我喜歡的你的特質，其實都是我渴望擁有的。我因為你有錢而喜歡你，是因為我想有錢。我因為你自信而喜歡你，是因為我想自信。

我內心也有這些願望，只是實現不了，而且我不能承認自己有這樣的願望，甚至沒有意識到自己有這樣的願望。這種喜歡就是：我好羨慕你，好想成為你。這種喜歡，只能遠觀。

當你與優秀的人有距離的時候，會覺得他特別好，很想靠近他。但是當你真正靠近他之後，會發現：你優秀與否，與你能否靠近他的心，完全是兩回事。

所以優秀，不一定帶來親密，有時反而會阻礙親密。你要花時間、精力來維持你的優秀，那你就沒時間經營感情。另外，你的優秀會讓別人感到自卑，感覺到被攻擊。

而親密的意思，就是情感的流動，你感覺你們的心是在一起的。你和他在一起，是舒服的、幸福的、有根的，無關於他的外在和他擁有的特質，只是「跟你在一起」就覺得很好。

透過優秀建立的關係，在某些情況下是虛假的、遠距離的關係。因為這時他人喜歡你，並不是你，而是你的優秀。換一個人也一樣。

而透過「親密」建立的關係，才是真正的、近距離的關係。這種喜歡，即使你有很多缺點，也誰都取代不了。

有些關係會從欣賞優秀開始，幸運地轉化為親密，繼續在一起。不幸運的，在一起後會發現相處不來，相愛相殺，撕扯分開。

優秀本身能吸引關係，但並不一定能建立關係。

3 何為親密？

親密是什麼？

親密就是你覺得這個人喜歡你、愛你，只因為是你，不是因為你的任何。

在他面前，你相信自己是被接納的，即使你有百般缺點。你相信自己是被欣賞的，即使你露出最狼狽的那一面。你相信自己是被允許的，即使你做錯了事、說錯了話。

親密，就是在他面前，你成為真實的自己、不那麼優秀的自己。

要吸引別人，需要你變得優秀；但是，要建立牢固的親密關係，則需要把優秀的你還原為更加真實的你。

4 如何與人親密呢？

- **優秀是：**在我面前，我感覺你很好，我好羨慕。
- **親密則是：**在你面前，我感覺我很好，我好舒服。所以與人親密，其實就是如何讓人舒服。

那如何與人親密呢？兩個字可以解決：「容器」。

當一個人能承載你的情緒，你就會感覺和他很親密了。當你憤怒的時候，你可以向他發火。當你委屈的時候，你可以向他哭訴。當你孤獨的時候，你可以找他陪伴。當你開心的時候，你會馬上與他分享。

你知道他是安全的，是有能力做到的，這時候，你就會感覺到他是親密的。**其實他只做了一件事，就是做你情緒的容器**。你的情緒借助於他，實現了流動，當情緒產生流動的時候，親密就產生了。

能完全做到這些的，是非常理想化的人，現實中，從來沒有人能做到一百分。但是這個人能做到多少，你就能感受到多少親密。同樣地，你能做到多少，對方就會感覺到你與他有多親密。

所以，你知道為什麼有那麼多人喜歡心理師嗎？因為心理師們分享了案主的心情，他們之間就產生了一種特別的親密。

如果你想被深度愛，就去找一個能消化你情緒的人，而不僅僅是努力把自己變得優秀。如果你想愛別人，亦是如此。

容納別人的情緒，是種非常了不起的能力。

這種能力怎麼建立呢？基本上，分為兩步：

(1) 識別

如果你想「被親密」，你就要識別自己的情緒，並且表達情緒。如果你想讓人跟你親密，你就要學會識別他人沒有表達出來的情緒。

(2) 消化

當情緒被識別後，你就要為讓別人消化或消化別人的情緒，做點功課了。

這兩步都非常重要。

所以我很欣賞那些願意表達自己情緒的人，他們敞開了自己，給了你一個機會，讓你可以與他親密。

他們省去了第一步，你只做第二步就可以了。

有時他們其實也很可憐，向你暴露情緒時，你沒理會，沒消化他們的情緒，他們就會很難受。比如說，當你對一個人說：「我對你很憤怒。」那人卻不理你，這時候其實比你不說出來還難受的。

還有，**表達情緒，不是用情緒表達，這兩者非常不一樣。**

5 最後……

愛有兩種，一種是欣賞，一種是親密。

如果你只是想吸引別人遠遠望著你，讓你感覺自己像擁有眾多粉絲的明星們，你努力追求優秀就可以了。

你越優秀，想靠近你的人越多。

但，如果你想獲得一段真正的關係，朝夕相處，心心相印，只倚靠優秀的特質、能力是解決不了的。因為你既然以優秀吸引別人，就得時刻保持優秀，不能暴露自己的狼狽。要掩飾，就得與人保持距離。

在親密的關係中，也有欣賞。

那種欣賞是：因為你很好，所以你哪裡都好。這跟你某個地方好，我才覺得你好是截然不同，重點不一樣。

這兩種愛的實現方法，截然不同。所以你要想好了，你想要哪種，就去發展哪種。畢竟人的精力是有限的。

其實——

正常的關係並非是永遠同意彼此。

而是有時候我們看法一致，我們親密；

有時候我們看法不一致，彼此獨立。

第四章

被愛，是有風險的，你敢嗎？

親密關係是需要冒險的，不要期待在一段關係裡不會受傷。

1 自我揭露，才能被愛

愛無能的人，通常不僅是付出無能，更是接受無能。他們不僅付出困難，在感情裡顯得計較、膽怯，生怕付出太多。他們在接受別人的愛時，也顯得十分困難，非常渴望但不敢敞開接受。

我們先從「親密是怎麼產生的」開始講。

你有不行、不會的地方，別人就有了為你施展的機會。所以，很多時候學霸「全能妹」讓人高山仰止，但有道題不會做的妹子就得到了愛；能換燈泡的女孩讓人敬佩，擰不開瓶蓋的女孩卻獲得了愛。

你有消化不了的情緒，別人就有機會幫你消化；你有無法認可自己的部分，別人就有機會給你認可；你沒有勇氣再堅持，別人就能給你鼓勵；你沒有能力表達清楚自己，別人就能給你理解。這時候，你就體驗到親密了。

你有些地方不完美，需要別人幫你。別人為你做了，你就感覺到親密了。

所以，「親密」是什麼？親密就是融合，就是自我功能的外包。我自己的一部分完成不了，你替我完成了，你就成了我的一部分，我們捆綁在了一起，界限有了一些消融。

因此，親密具有占有性、排他性。你是我的一部分，怎麼能隨意供給別人。不分友情、親情、愛情，連親兄弟都會為了得到媽媽的愛，而互相攻擊。

所以如果你什麼都好、什麼都會、什麼都不缺，別人是沒有機會愛你的，因為別人沒有能融入你的地方。這就是我以前在文章裡常說的「完美是不配被愛的」。你總得有點地方不好，才能讓別人有機會展示自己。

所以不完美是可以被接納的，**正是不完美，才讓人有了愛你的空間啊**。你要是完美了，還用被愛嗎？

可是你的不完美，你自己知道，別人知道嗎？你讓別人瞭解過真實的你嗎？親密來自滿足，而滿足來自「暴露」。是自我揭露，讓你有了被接住脆弱的機會，讓你有了被滿足的機會。

自我揭露，你就有了被愛的可能。

2 為什麼你不敢自我揭露？

自我揭露只是讓你有了被滿足的機會和可能。這與被滿足，還是有距離的。自我揭露是有風險的，除了可能被別人接住，更可能被別人傷害。

當我們開始嘗試向對方暴露自己內心深處的傷疤、悲傷、自卑、脆弱、掙扎的時候，我們就是把自己的內心交給了對方。這時候，我們是期待對方能小心地呵護它、消化它、珍惜它。當我們內心的脆弱被接住時，他就收服了我們的心。如果這時沒被接住，我們就受傷了。

別人傷害它的方式，包括：沒興趣，不理解，打擊，諷刺，否定。當你對一個人講你的難過，他沒有傾聽，分心去做別的事，不專心，你就會更難過。以前我會跟女朋友講讓我難過的一件事，然而她更熱中於八卦，不停追問那人是怎樣的、那事是怎樣的，完全無視我的難過，讓我不得不抑制住自己的難過，先滿足她八卦的心。

經常有讀者留言，他們對伴侶講自己的自卑和失敗的時候，伴侶的答覆是「你要改啊」、「肯定是你的問題啊」、「你要優秀啊」，他們就會默默收回自己的心，不想再傾訴。

當你暴露自己的脆弱、自卑和悲傷，對方卻回以你漠然和打擊，告訴你是你自己有問題，沒有比這更讓自己受傷的了。用雞湯的話說：比敵人更可怕的，是豬一樣的隊友。

當悲傷經常不被理解，我們就漸漸封閉自己的心了。雖然孤獨，但是安全。

不敢暴露，是因為太怕受傷了。

3 不要以為被愛就是好的

當你暴露脆弱，不要以為被接住了就是好的。如果有人願意給你溫暖、安慰你的悲傷、融化你的自卑、給你以面對世界的力量，這時候你就被愛了。**你敢敞開來接受嗎？**

一個女孩曾經跟我說，她很怕那種暖暖的男生，很怕自己被融化，感覺那樣會失控。其實她怕的失控，就是依賴。

如果有人接住了你的脆弱，你就開始了依賴他。他接住得越多，你就越是依賴。你將體驗到一種極大的親密，這種親密可能是你不熟悉的，從小到大都沒怎麼經歷過的親密。所以你就會把自我功能過多地外包給他，好像他是你的全部。

依賴是可怕的，因為過分依賴會讓人失去自我。其實，依賴只是讓自我轉移了，轉移到別人身上了，別人開始代替你完成自我。

就像我們依賴電腦和手機。我都快要喪失寫字的能力、喪失說話的能力了。手機和電腦的這部分功能比我的自我功能更強大，所以我無意識地更加依賴它們。

不同的是，我不怕依賴電腦和手機，它們是可控的。人就不一定可控了，萬一他哪天切斷了這個依賴怎麼辦？萬一他不開心離開我怎麼辦？他若離開了，簡直是帶走我的大部分自我。所以失戀的人會痛不欲生，自我被抽走了，太痛了。

怎樣才能避免依賴後還被拋棄的痛呢？最好的辦法，就是一開始就不依賴、不暴露。不暴露就不會給別人機會暖化你，不暖化就不會依賴，不依賴就不會失去。

不是誰都能承受得住親密的。親密是需要勇氣的，比孤獨更難。比獨立更難的，其實是依賴。不依賴雖然孤獨，但是安全。

4 怎麼辦？

(1) 現實檢驗力

人其實很有意思。被愛需要暴露脆弱，可是又不敢暴露。暴露脆弱後，怕對方接不住會受傷；對方接住了，又怕會過分依賴他。但不暴露，又覺得孤獨。反正怎麼樣，你都不會滿意。

那怎麼辦呢？幸虧我是個心理學家，總是有辦法的。

當我們暴露脆弱，其實所有人都能接住的。只不過要視情況區別對待：有些內容能接住，有些內容接不住；有些時候能接住，有些時候接不住；有些程度能接住，有些程度接不住。

所以**每個人都能接住你的部分脆弱，只不過地方、時間、程度不同。沒人能接住你全部的脆弱，也沒有人能全部無視你的脆弱。**

- 比如你說胸小、腿短、年紀大、自卑，男朋友可能能接住。但你胖還管不住嘴愛吃，男朋友就不一定能接住了。這是內容不同。
- 男朋友心情好的時候，能接住你說主管不好，聽你抱怨。心情不好的時候，就會指責你，說你有問題、你要改了。這是時間不同。
- 你十天暴露了一次小難過，男朋友趕緊乘機安慰你。但是你一天暴露十次的傷心，男朋友就會覺得你負能量了。這是程度不同。

所以在對方能承受的內容、時間、程度，去暴露脆弱，對方就能接住你的脆弱了。是不是覺得很難呀？這個取決於你有沒有極其重要的一種能力——「現實檢驗力」。

人們都處在人與人的關係裡，我們不僅要考慮自己的需求，還要考慮對方的承受能力。現實檢驗能力，就是在多大程度上能清楚地看到：此刻，我的需求是多少，對方的承受力是多少。我們需要知道，他能承受我多少暴露與依賴。

人的承受力並不是固定的。它只在當下，在此時此地，在不同時間和不同地點也是不一樣的。

提高現實檢驗力，你就可以：

- **在他人能承受的範圍內暴露，在不能承受的範圍自我封閉**。而不必再二分地完全否定他人，不敢向對方暴露了；也不必什麼都暴露，然後責怪對方不懂你。
- **在他人可依賴時依賴，不可依賴時獨立**。而不必再二分地完全選擇獨立，絲毫不敢去建立親密關係了；也不必完全依賴，而責怪對方接不住你的依賴。

「二分法」，就好像對方不能全部接住你的脆弱，就不再是一個可靠的人；好像對方有離開的可能，就不再是一個值得依賴的人。

能暴露的部分暴露，享受親密；不能暴露的部分忍受，接受孤獨。這就是健康的親密關係：既有親密，又有獨立。

(2)心靈恢復力

現實檢驗能力只能讓你更接近現實，無法完全與現實吻合。有時候你沒暴露對，就是會受傷。你進入與對方的親密關係，就會有心理受傷的可能，不可避免。

問一個運動員，他有沒有受過傷，你得到Yes的回答機率將會是百分之百。那他為什麼還要當運動員呢？因為他熱愛運動，也能承受受傷的可能，並且相信自己的身體恢復力。心靈也是這樣，每個人的心靈也有恢復力，我們大部分的人都能從難過中恢復過來。所以我們可以承受受傷。

一名運動員在運動前，一定要做好兩點準備：

- **做好保護措施，盡量避免受傷。**
- **做好心理準備，運動可能受傷。**

進入一段關係也是這樣的。現實檢驗，就是保護措施。你要確認此刻對方的承受範圍在哪，然後去暴露和依賴。去依賴就有受傷的可能，一旦發生，就默默承受吧。

所以，我們要提高自己的「心靈恢復力」。親密關係的建立，是需要冒險的。不要期待在一段關係裡不會受傷。受傷與愛，都是一段關係的必備元素。重要的是在愛來的時候，享受；在受傷的時候，承受。

有一次，我給心目中的女神發了則訊息，她沒有回覆我。我有點難過，覺得不被在乎。我希望她能夠回應我的需求沒得到滿足，但我沒有一直難過下去，也沒有封閉自己。我很開心，因為和以前的我相比，我的變化太大了。

大學以前，我保護自己的方式就是絕不再主動，這樣我就能保護自己了。所以我越來越內向，其實就是太脆弱。

學了心理學後，我的方式是：**想得到的時候就主動；在未被滿足的時候，勇敢承受這點不舒服。**

第五章

怎樣才能喜歡自己？

「你覺得我哪裡好呢？」反覆練習，你會越來越喜歡自己。

1 你嫌棄自己嗎？

人多半的心理問題，來自於「不喜歡自己」。每天都覺得自己這也不夠好、那也不夠好，然後自卑、焦慮、努力、改正，希望自己能變成理想的模樣。

在我們的一些培訓課程中，有時候會做一項「優點練習」，邀請成員講出自己的三個優點。在這個練習中，很多人會糾結著不願意先講，講的時候也是搜索枯腸才硬擠出一個：我很善良。然而，讓他們講自己缺點時，則可以滔滔不絕。

嫌棄自己，什麼時候開始變得那麼日常？總感覺今天沒嫌棄自己，像是今天沒吃飯一樣。

不如你也問問自己：

你有哪些缺點？你有哪些優點？

在一張紙上嘗試著寫下來，並思考你對這兩者的情感濃度是否是一樣的。

「雞湯學家」們會教人：你要喜歡你自己、欣賞你自己、認可你自己、愛你自己。

在學心理學之初，聽到這樣的言論，我會熱血沸騰，如獲至寶。原來幸福的祕訣，就是自我認可呀。

所以我每天都要告訴自己：你已經很棒了。為了讓這種感覺更真實，我會尋找證據：你看，你比甲乙丙丁都棒了，你已獲得很多成就了。

然而每當我照鏡子的時候，就又一次開始懷疑人生：你也不夠帥、不夠有錢、不夠聰明、不夠努力、不夠勤奮、不夠有愛，還有這麼多心理問題。生活讓你如此艱辛，你怎麼能欺騙自己說「我喜歡自己」？

然後又開始嫌棄自己：為什麼你都不能欣賞你自己！欣賞自己的路，真的又累又讓我有挫敗感。這不得不讓我反思，一定是哪出問題了。心理學如果不能讓人輕鬆改變，一定是偽心理學。

2 自我認可，是一件特別難的事

自己誇自己時，忽視了一個重要的問題：

別人喜不喜歡自己，重要嗎？

把你放到孤島上一個人生活，你唯一的觀察者就是阿豬、阿虎、阿鹿和阿魚。你每天都覺得自己很棒，非常非常棒。這樣的認可有意義嗎？

你非常喜歡自己，覺得自己非常棒。然而，周圍的人對你的評價都很糟糕，你也並不在意。這樣真的好嗎？

失去了觀察者，人還需要自我認可嗎？

人喜歡不喜歡自己，其實沒那麼重要，重要的是別人有沒有喜歡你。人是活在關係裡的，我們需要獲得別人的喜歡。努力獲得別人的喜歡，是我們的生存本能。人的潛意識是相信優勝劣汰的，我們怕被拋棄，所以要花大量的時間來提升自己、改變自己，以獲得更多的喜歡。這正是人的聰明之處。

別人都不喜歡你，你還在那狂熱地喜歡自己。這是典型的自戀型人格障礙，喪失了社會功能，無法在社會上很好地活下去的。

喜歡自己，來自於環境的確認。環境對人的催眠力量，遠遠大於自我催眠。當周圍的人都開始喜歡你，不斷地發現其實你很好，你從他們的眼中不斷確認自己是好的。你就開始慢慢相信自己是好的了。

即使你很喜歡自己，但是當周圍的環境不斷地給你否定、批評著你的糟糕，而你又離不開這個環境，時間久了，你也會漸漸開始自我懷疑。這就是從眾心理。

人對自己的懷疑能達到什麼程度呢？在從眾心理的實驗中，當六個人說一條二十公分的線與一條十公分的線一樣長時，第七個人就會懷疑自己的視覺。

何況「我是不是好的」這個主觀想法，人更容易被影響。

3 怎樣才能自我認可？

嬰兒對於自己的認識是空白的。他長大的過程中，如果爸爸、媽媽反覆給他輸入「你很好，我們很喜歡你」的概念，嬰兒就從父母的眼神中得到了確認，相信自己是好的。他這個自我認可的認知，就是相對穩定的。

在他長大後，在面對環境對他的否定時，他就能抵禦一段時間。當環境的否定超出了他的自我認可穩固度時，便會陷入自我懷疑。

如果在嬰兒長大的過程中，爸爸、媽媽總是盯著他的缺點，反覆給他輸入「你不好，我們不喜歡你」的概念，嬰兒就相信了自己是不好的。他長大後，對環境給他的否定，承受力就相對較低。別人隨便否定他，他便會陷入全面的自我懷疑。

這時，環境的一般認可根本抵消不了「我是糟糕的」的自我認知。他需要大量的環境認可，才能重新矯正這個認知，建立起「我很好」的自我概念。

自我認知，其實來自兩方面：

- **小時候，爸爸、媽媽對你的認可，讓你建立起對於自己的認知。**
- **長大後，周圍的人對你的認可或否定，讓你嘗試重新修整你對於自己的認知。**

這兩方面都是來自他人，我們都是從他人眼裡知道了自己是什麼樣子的。小時候那是沒辦法的事了。重點是，長大後，你怎麼才能重新自我認可呢？答案就是：讓別人更多地認可你！

4 怎樣讓別人認可你？

看到這裡，你就發現人有多聰明了。人的潛意識已經掌握了這個規律，所以人要改變自己、讓自己變得更好，以獲得更多的認可。

不喜歡自己的人，都有一個共同的特點：盲目努力。連自己努力都不認可的人，則會陷入焦慮，覺得自己特別懶、特別不努力、特別沒力氣，想改又改不了，所以焦慮。

努力改變自己的人，在焦慮中非常匆忙，以至於沒有時間停下來問自己這個問題：

- **別人真的不喜歡我嗎？**
- **還是我自己覺得別人不會喜歡這樣的我？**

喜歡你的人其實一直都很多，你被喜歡的地方也很多，只是你沒時間、沒心思、沒精力去發現。你總是著急改變自己，以獲得別人的喜歡，卻沒有停下來思考：你被別人喜歡嗎？

其實別人的喜歡，不是來自你努力改變自己，而是來自發現——發現別人一直都很喜歡你！

雖然這個世界上，總有些人不喜歡你，有些人不喜歡你的某些方面，但這不影響另外兩件事：

- **有人喜歡你！**
- **你有的地方很讓人喜歡！**

你不知道的是，你在別人眼裡的優點，其實比在自己眼裡的多。當然，特別親密的人可能除外。兩個人過於親密，有時會只看見缺點。

別人的看法還是要在意的。不在意別人的看法，你怎麼能知道你很好呢？只不過，多在意些別人說你的好，少在意些別人說你的差。最起碼要均衡，別只在意別人說你的差。

5 發現別人認可你的絕招

怎麼發現呢？如果你沒準備好接受，別人誇你是沒有用的。

一個女孩說她不喜歡自己，覺得自己很失敗。我說：「你很厲害呀，你都獲得那麼多榮耀了。」女孩說：「但是我很會拖延。」我誇她A，她就要補充「但是我-B啊」。

發現別人在認可你，一定是建立在你準備好「聽」的基礎上。不然別人的認可，你都是識別不到的。

怎麼做呢？一句話就可以解決。

如果你願意反覆練習這句話，你將會變得越來越喜歡自己。當然你要記得，喜歡自己，自我認可，不是一天、兩天練成的。這句話需要反覆練習、長期練習，像減肥一樣，需要一個累積的過程。但是比減肥簡單的是，這個辦法只有一句話。非常簡單。你只要反覆練習就好啦。

這句話就是：

「你覺得我哪裡好呢？」

不是告訴自己「我很好」，而是去問別人「我哪裡好」。當你主動去問的時候，就比別人主動告訴你的時候，更準備好了接受。所以主動問，才是更有效果的。

如果你覺得乾巴巴地說出來有些突兀的話，可以做很多鋪陳。你可以問：

「問你個問題：你喜歡我嗎？喜歡我哪裡呢？你覺得我這個人有哪些優點？」

你展開一段談話，建立一個情境，接著引出這句話來就好了。

然後對方會告訴你：你可愛、優秀、勇敢、努力、獨立、上進、長得好看……你可能會不相信，覺得這些詞語和你有什麼關係啊。他是安慰你的吧，敷衍你的吧。

那你可以進一步地問：

「能舉例說明嗎？」

然後對方就會告訴你，他為什麼覺得你有這些優點，透過現實中的例子來確認，你會更加確定的。

一次、兩次，你有所懷疑。當你聽到周圍的一百個人說了一百次同一個特點後，你就開始漸漸相信了。這就是「內化」的過程。

「你喜歡我什麼？」「你覺得我哪裡好？」這種話，不要只問一個人，要去問一百個人。只問一個人，問一百遍，你也很難確認這是你的優點，因為樣本不充分。但是問一百個人，你就可以更確認了。

不排除就是有人說不出你一個好來。那你一定要知道，這絕對是他有問題。

6 難處

唯一的難處，就是「主動」。彷彿我們主動尋求誇獎，是件羞恥的事情。

以前人們教你：要多詢問別人的意見，多虛心接受別人的建議。別人指出你的缺點，是為你好。

實際上，我們也需要別人指出我們的優點。

其實——

親密就是在對方面前，

你成為真實的自己，不那麼優秀的自己。

透過「親密」建立的關係，才是真正的、近距離的關係。

這種喜歡，即使你有很多缺點，也誰都取代不了。

第六章

愛需經由「懂得」，才能發生

不是「你認為的」，而是走向他，看見他的內在。

1

人類存在於這個世界上，經歷著三大關於生命的主題：生、死、愛。生與死是生命的起點與終點，愛則是生命的過程，甚至全部。人們透過愛與外在產生連結，也透過愛得以生存和美麗。

我們活在這個世界上，離不開愛。我們想愛自己，讓自己開心、幸福，陽光、自信，對未來充滿希望，對與他人的關係充滿信心。我們想愛他人，能給身邊的人帶來溫暖，能在人際關係中坦然、豁達。我們也希望能被人愛，當我們脆弱的時候給予一點安慰，當我們受傷時給予一點能量，當我們無助時，聽到一句「還有我在」。

然而，似乎這個世界上並沒有這麼如意，愛常常被阻隔，因為我們不懂得。

我們不能很好地愛自己，於是對自己充滿了苛刻與自責，咒罵自己拖延、無能力，塑造了一個美好的「理想我」，而又躊躇著不能實現。**我們對自己的苛刻，源自不能懂得自己、不能瞭解自己的內心世界、不能把握好自己，盲目地認同外界關於「好」的標準，想抓住一種大家公認的「好」，而失去了自己。我們懂得了世界的標準，卻忘記了懂自己，所以痛苦。**

- **你是誰？**
- **你適合什麼？**
- **你真正想要的是什麼？**
- **你用什麼來展現和實現自我價值？**

對於這些問題，我們唯有更懂得自己，才能得到答案。而只有得到這些答案，我們才能拿到通往幸福和成功的鑰匙，走出屬於自己的富足之路，而不是一味盲目地努力刻苦。

懂得自己，才能與自己的關係和諧，才能適時地滿足自己的渴望。能夠滿足自己的渴望，你就是圓滿的人，你的存在對於他人來說就是安全的。不必因與人交往時過於索求，而感到難過；不必在得不到時，感到失落而無助。

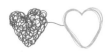

我們對他人的愛，也是如此。無數次嘗試去幫助別人，卻又無數次吃了閉門羹。我們曾看著家人和朋友走了彎路而乾著急，我們曾看著身邊的人做了錯事而大吼大叫，我們透過無數次的爭吵、說教幫助他們，也曾心甘情願地付出一切來照顧他們以讓他們幸福，但是似乎到頭來卻是失敗的比成功的多，落個「最後感動的只有自己」的下場。

這種軟與硬兼施的愛就像攻城一樣，企圖打入他的心卻失敗。於是，我們的挫敗感更強烈：

- **為什麼我對他那麼好，他卻要那麼對我？**
- **為什麼他那麼不知好歹？**

2

愛除了付出外，還有一個「接收」的問題。古人云：「**知己知彼，百戰不殆。不知彼而知己，一勝一負；不知彼不知己，每戰必殆。**」也就是說，你如果不能懂得他人，你付出的愛就只有百分之五十被接收，這就是人們常說的「我知道你是為我好，但我就是接受不了」。

若你連自己付出愛的方式也不知道，連他人能接收愛的方式也不知道，那麼你的愛就付之東流了。

更可怕的是，你不懂他人，你的愛就無法被接受；你不懂自己，你付出愛的方式也無法自知。最後你也成了一個需要愛的人，你就給了他人雙倍的壓力：一方面，你沒有把愛確實給出去；另一方面，還期待他人回饋愛給你。不要說你對付出沒有任何回饋的期待，期待他人遵從、接收、珍惜、感恩等，都是期待回饋。

懂得他人，就是去瞭解：

- 他想要什麼？
- 他的方式是怎樣的？
- 他的心在說什麼？
- 他的內心經歷了什麼？
- 什麼對他來說是敏感的？
- 什麼對他來說是有價值的？
- 他最在意的是什麼？
- 他喜歡的方式是怎樣的？
- 什麼程度是他能接受的？
- 他對於安全感、自尊等，怎麼看待？
- 他的內心，此刻最需要的是什麼？

不是「你認為的」，而是要真正地走出自己的世界，走向他，看見他的內在。

3

不能懂得他人的另外一個結果，就是他人的愛被我們拒之門外。

我見一些人對於這個世界的可怕描述，在他們眼中，世界上只有兩樣東西：自己和利益。他們無法相信愛，覺得人心可怕，覺得人們之間永遠無法交心。他們對於他人對自己的辜負，而感到一次次絕望；對於他人對他們的傷害，而一次次封閉自我。

愛，從來就不曾消失。我們不懂他人，也說明我們不懂得愛。他人的學習能力和經驗都十分有限，他們和我們一樣，都在以自己的方式保護著自己，然後在此基礎上，小心翼翼地付出著愛。他們不能對我們全心付出，不代表他們沒有愛。他們不能用我們的方式來付出，不代表他們對我們沒有愛。

4

我們對於他人的失望，來自於一種期待：期待他人能用我們的方式來給予我們愛，安慰我們，支持我們。希望他人懂得自己、照顧到自己的感受。能滿足我們這個期待的，我想只有我們的媽媽。

「懂得」，就是發現愛的過程，他人也有能力侷限，他人也有視野侷限，他人給了的或許不是我們想要的東西，但是你撥開層層防禦後，你會看見裡面躺著的愛。

這種懂得就是：他的世界是怎樣的；他在愛自己的時候，也同時愛你。他付出了幾分愛給你，為他給出的這部分愛，表達感激和感動。

懂得，也最怕「自以為是」。

有些「懂得」，我們容易看透，有些卻難以被捉摸。「懂得」至少發生在三個層次上。

- **第一個層次：這是現實層次的需要。**他需要怎樣的幫助、需要怎樣的支持。這個是有形的，我們很容易看到，也很容易給到。
- **第二個層次：即他以什麼方式維護自尊，他需要怎樣的感情支持。**這是無形的，我們容易忽略，卻影響甚大。
- **第三個層次：只有真正愛他的人才可以做到。**他要用怎樣的方式將自己的靈魂分享給你，讓你與它同在。如果你能在第三個層次上懂得他，那麼你對他的愛，不論以何種形式都能被接受。

5

我們對於自己也是如此。

我們容易懂得自己的現實需求，可以透過努力去獲得。我們卻常常忽視、也容易被情感需求困擾：**他人無意的動作怎樣觸動了我們，我們為何輕易被傷害，我們有著怎樣的情結、有著怎樣的行為模式。**

當我們懂得這些後，就能小心避開自己的脆弱和盲區，不輕易被傷。如果我們能照顧到自己的靈魂、能懂得自己內心深處的想法，就能和自己愉快相處，那就是怡然自得。

第七章

女人常說的「安全感」，是什麼？

安全感來自於自信、相信愛、欣賞擁有的。你相信，它就在。

如果你問一個女人，她在愛情中最想要的是什麼。你得到最可能的答案並不是愛，而是「安全感」。那些號稱「真正想要的是愛」的人，也多半是因為安全感得到了滿足，進而追求愛情。

「我很沒安全感」就是一句隨時會從女人嘴裡冒出來的話。然而，安全感到底是什麼，真值得說一說。

1

實際上，沒有人不追求安全感，尤其是女人。自從人類「被出生」以後，就感受到了安全感的匱乏。

是的，人類是被出生的。當嬰兒呱呱墜地時，他已經開始學習著想盡辦法在這個世界上活下來。世界不是子宮，需要自己呼吸、自己咀嚼，甚至自己覓食。

偌大的世界，有著太多的不確定，而他的能力又太有限。在出生之初，他需要有個強大的、懂他的、能滿足他的力量來保護他——母親。這種被保護的感覺就是「安全感」。

- 如果媽媽做得不好，不能無條件地、隨時給予他保護和滿足，那麼，需要的來源就會陷入不穩定，孩子便會產生恐慌，也就是「不安全感」，不確定這個會滿足自己的因素是否能隨時滿足自己。
- 如果當孩子哭著找媽媽時，需求能被滿足，孩子就學會了：透過努力是可以得到的。假如哭了還得不到滿足，那麼人就學會了：其實努力了也不一定能得到，甚至會認為自己不值得得到。

那時候的媽媽就是整個世界。人長大後，對世界的印象也就成了——不能絕對保護和滿足自己。

2

缺乏安全感的本質就是「害怕」。害怕自己被拋棄，害怕自己有危險，害怕自己不值得被滿足，而自己又無力面對這個世界。

當女人長大，媽媽已經不能再給她這樣的滿足。於是，她需要從其他地方獲得：工作、男人或其他。

然而，無論女人再怎麼要強，在目前的社會現況下，與男人相較始終是弱勢。這就意謂著女人更需要經由他人和環境來滿足。

因此，女人更在意體制內的工作，和「愛我一萬年」的男人。這兩者都可以給她很好的保護。尤其是男人。一個能夠擁有雄厚資產的男人，會給女人物質上的安全感；一個能夠承諾、並且傳遞出承諾的男人，會給女人精神上的安全感。

3

當然，相信這些可以保護到自己的女人，本身就已經有了一定的安全感。其實**真正缺乏安全感的女人，是不相信這些可以保護到她的。**

於是，她在生活中會小心翼翼，會特別在意存錢、囤物，以備不時之需；會用各種方式試

你一定很累吧

探男人，來證明他到底愛不愛她；會透過男人是否會為她買禮物、是否記得她生日等條件，來驗證愛是否還在。**她們不相信人和東西一直會在、隨時會有。**

她對安全感的過度追求是勞累的、小心翼翼的、如履薄冰的；也是孤獨的。她需要時刻保護自己，驗證外界是否能給她安全感，不能把自己全然交出去，不能大方坦然地活著，她必須留下一個心眼來保護自己。

當她驗證失敗，就會仇恨別人，就會離開那個其實愛她的男人，或者自我封閉。因為她「不熱絡，不破碎」、「沒有希望，就沒有失望」，她會更加沒安全感，更加不相信他人，更加堅定地認為「只有自己才能保護自己」。

實際上，一個再愛她的男人，也禁不起她那些莫名其妙的證明，證明著證明著，男人就累了：既然你不相信我，那我就真的拋棄你。

這就是心理學裡著名的「投射性認同」：誘導他人以一種限定的方式，來做出反應行為模式。即**你不相信他會一直愛你，你最後總能把他變成不愛你。**

我見過很多這樣的女人，當男人回家晚了或給某個女同事發了訊息，她就緊張不已，問個不停。最後讓男人說出「你再這樣下去，結果只有離婚」。於是又觸動了女人「可能被拋棄」的不安全感的神經。

如果你說男人應該照顧到女人的這種不安全感啊，那你就是太想當然了。對於這類過分追求安全感的女人來說，沒有幾個男人能做到長年累月、每時每秒都那麼有能量，能敏感到像媽媽一樣隨時關注到她的需求。熱戀時或許可以，但一輩子就不可能了。

因此我們說，一個沒有安全感的女人，最後難以幸福。不僅因為她在工作中會小心翼翼，難以有起色，更因為她在愛情中會草木皆兵，生怕對方離開或不愛自己。

4

真正能帶給我們安全感的，並不是找到一份好的工作或一位如意郎君。即使有一個鐵飯碗，即使那個男人非常愛你，即使你非常相信他，如果你的內心依然有超過百分之五十的需求需要他們來滿足，你都是危險的。一旦他們表現出不能滿足你的跡象時，你就會啟動所有的挫敗機制：完了，天要塌了。

你需要換一種方式來滿足自己對安全感的追求，即「從自身獲得」。

(1) 安全感，首先來自於「自信」

自信是一種感覺，而不是擁有。

一個有技能的人，從來不會擔心、害怕沒工作；一個有魅力獲得愛的人，從來不擔心沒對象這回事。一個懂得伴侶且能夠付出的人，從來不會擔心伴侶拋棄自己或出軌。這是對自己的一種自信，相信自己對伴侶的重要性。

這種自信當然不是盲目展現魅力。即使你花枝招展，依然有其他女人比你更嫵媚，你很容易被替代而沒安全感也很正常。

這種自信來自對伴侶的瞭解，沒有人會比你更懂他、更能撫慰他的心，所以他絕不會、也不能離開你。

(2) 這種安全感，也來自「相信愛」

愛雖然會來，也會消失，但愛不是證明來的。即使看到了很多黑暗，依然相信世界上存在愛、存在善良。愛是相信自己正確的付出，必然會得到回報。

(3) 安全感，更來自「敢於欣賞的心」

從來沒有什麼能讓人絕對安全，除了自己。但從來也沒有什麼能讓自己絕對危險，除非自己。安全感就是願意看到好的一面，欣賞擁有的，不計較沒有的。那麼，你擁有的就會越來越多，也會越來越幸福。

安全感必定是自己給自己的，自己才是那個最能保護自己的人。

安全感只是一種感覺，你相信，它就在那裡，不曾離去。

第四篇

享受與他人的相處

用更簡單、安靜和沉靜的內心，
對待生命中的每一個人。

第一章

別人不是你想的那樣

愛一個人，首先要放下自己的假設，看到真實的他。

1 你「認為」他是什麼樣的人

人際交往，都是有模式的。你可能習慣討好、害怕、照顧人、強勢等，這些都是你的模式。

我們如何開始一段關係、如何與人交往，不是取決於他是什麼樣的人，而是取決於「我們認為他是什麼樣的人」。

我們在與一個人開始互動前，就已經開始了對他的假設。我們根據自己的假設決定了害怕他，還是相信他；是照顧他，還是向他索取。

比如說，你假設一個人可能拒絕你，你就不敢提要求。但是你假設一個人會滿足你，你就敢提要求。

你所有的對他人的感覺，都來自你的經驗。你覺得別人會怎麼對你，實際上是因為你小時候被無數次這麼對待。也就是說，長大後，你會錯誤地以當年對爸爸、媽媽的態度去對待別人，錯誤地把別人都當成了和爸爸、媽媽一樣的人。

2 不同的生存方式

為方便說明，我把爸爸、媽媽及其他非常重要的撫養人，都稱為「媽媽」。

- 在小孩子的感受裡，媽媽的「姿態」分為三種：**強大的、軟弱的、平等的**。
- 在小孩子的感受裡，媽媽的「態度」分為三種：**冷漠的、危險的、安全的**。

面對不同的媽媽，小孩子就要學會不同的生存方式。

3 「別人很強大，我很弱小」

若你有一個強大的、危險的媽媽，這個媽媽可能經常批評你、指責你、嫌棄你，讓你特別擔心會隨時被她指責，這種擔心的感覺就會被儲存下來。那麼你長大後，在跟別人交往的時候，就會特別擔心並介意別人指責你、批評你。

別人可能並沒有這麼做，但是你首先就會聽出來指責、批評與嫌棄。別人對你的一點點指責與嫌棄，你就會敏感地放大一百倍，你會覺得非常受傷，不理解他怎麼可以這樣。

你會期待遇到一個人能夠百分百地接納你、肯定你，你受不了別人對你的一點指責和嫌棄。

如果這個媽媽經常控制你、強迫你、要求你，讓你覺得隨時在被要求，你就會把指責感覺儲存下來。你長大後，就會對別人的強迫、要求非常敏感。

別人可能只是隨便一說或什麼都還沒做，你就覺得他在強迫你，讓你非常反感。別人什麼都沒說，你就覺得他可能對你有要求，讓你非常緊張。

人際關係中的緊張，很多時候都是我們假設了別人對我們有期待。我們怕自己滿足不了他。

在我們的課堂上就有這樣一位同學，我們不關注他時，他很活躍，但我們一關注他，他就開始緊張。進一步探索後發現，當他被關注時，總覺得我們對他有期待，希望他能說出一些精采的內容。實際上就是因為他小時候，媽媽的關注總是帶著要求的，他長大後就覺得別人的關注，都帶著要求。

媽媽可能很強勢，她的聲音很大、脾氣很暴躁、情緒不穩定、會打你，讓你隨時處在被恐嚇的狀態裡，你就會儲存下**「別人很強大，我很弱小」**的感覺。

你長大後，就會特別容易害怕別人，對權威有恐懼，害怕強勢的人、說話大聲的人、在吵架的人。即使這些人和你沒有關係，你也害怕。因為你潛意識裡總感覺他們會懲罰你，對你有危險。你會自動把自己放在一個弱小的位置，把他人放在強大的位置。這時候，你就會自動啟動保護策略：強勢、討好或躲起來。

強勢，只是為了掩蓋虛弱的自己而做出的誇大吶喊，只是為了保護自己不被欺負而先展示力量，為了避免被攻擊而先攻擊。

討好則是，只有把這個強大的、危險的人哄好了、照顧好了，你才會覺得安全。

4「我是很強大的，別人都是很弱小的」

如果小時候你有一個弱小的媽媽，她很多方面都需要你的照顧，她有很多自己完成不了的事情，需要透過你的幫助和參與才能完成。比如照顧這個家，照顧弟弟、妹妹，照顧爸爸、媽媽，做很多家務等。你從小就需要學會做強大的自己，做媽媽的「媽媽」，這時候你只有照顧好家人，才能活下來。

那麼在你的潛意識裡，就會形成**「我是很強大的，別人都是很弱小的」**印象。長大後，你和別人交往，就會不自覺想去照顧別人，替他考慮，替他做事，替他操心，彷彿別人沒有能力照顧自己一樣。而你就像大哥、大姊，不需要人照顧，不需要人愛。

可是你沒有需求嗎？你有。然而，你不相信有人比你更強大、不相信有人能照顧你。即使有，你也不覺得自己值得被這麼強大的人照顧。即使你被照顧，這種被照顧的感覺太陌生，你也會想推開。

5「他人都是冷漠的，我是無所謂的」

如果你有一個冷漠的媽媽，她把工作、家務、自己的事情都放在第一位，而你永遠被放在末位，甚至不重要到被寄存到其他地方。即使她嘴巴上說愛你，給了你吃的、喝的、用的，生活上把你照顧得很好，但是她情感上就是不關注你，就是冷漠，她就是要陶醉在自己的世界裡或沉迷於其他的世界。

那你的潛意識就會儲存下「**他人都是冷漠的，我是無所謂的**」感覺。長大後，你和別人來往時，就會覺得別人不會把你放在重要的位置上，隨時會離開你。無論他怎麼向你表達愛、怎麼重視你，你都覺得他會隨時離開你。你會不相信愛情、不相信世界，總覺得這個世界會拋棄你。

6 深度信任別人的能力

如果你有一個強大的、安全的媽媽，媽媽對你來說是安全的、穩定的。當你有需要，她願意滿足你。當你有危險，她願意保護你。當你難過時，她願意安慰你。她還那麼有力量，讓你格外覺得世界裡有了一個支撐。

那麼你長大後，也會覺得別人都是這樣的。所以當你開始認識一個人的時候，你就會覺得他安全而強大，你自動化地先相信他能滿足你，你就覺得需要他，想去主動依賴他，尋求他的幫助。

一個人能深度信任別人的能力，來自於他早年有值得被信任的人。

- **如果你有一個與你平等的、安全的媽媽**，她就像你的朋友一樣。她和你很聊得來，連結很深，態度很隨和。你長大後，就會覺得別人也是這樣的人。你就能很正常地和別人打鬧、聊天。
- **如果你有一個與你平等的、危險的媽媽**，她就像你的兄弟姊妹一樣，你們經常有衝突，但是有時候你贏、有時候她贏。你長大後，就會發現這個世界上有很多困難、有很多看你不爽的人，但是你並不怕。你願意去克服，敢於去挑戰。因為你媽媽就是一個可以被打敗的人，所以你相信他人和困難都是可以被打敗的。

7 對他人的「假設」不同，左右了生命模式

一個人長大後的主動能力，來自他「假設他人是安全的」。他相信別人是支持他、認可他、願意滿足他的。因為在他小時候，媽媽就是這樣的人。他長大後就覺得別人也都是這樣的。

一個人長大後的被動，來自他「假設他人是危險的、冷漠的」。他覺得別人會拒絕他、嫌棄他、否定他，會認為他無所謂。因為在他小時候，他的媽媽就是這樣的人，他長大後就覺得別人也都是這樣的。

一個人的自信和勇敢，來自他「相信自己是強大的」，而所有問題與他人相比並不強大，

都可以被克服，所以就願意去嘗試。他之所以這麼自信，是因為在他小時候，媽媽願意聽他的話，媽媽沒有那麼強大不可被征服，媽媽給了他很多成功的經驗。

一個人的自卑和怯弱，是因為他「假設了自己是弱小的」，他人和困難都不好被克服，所以就不會去嘗試。他之所以這麼假設，便是因為他的經驗就是媽媽從不向他妥協，他對媽媽的征服有太多失敗，以至於他覺得全世界所有的人和事都是如此。

一個人的緊張，來自他「假設了別人都是高要求的、嚴厲的、敵意的」。

一個人的放鬆，則來自他「假設別人是寬容的、友好的」。

8 看見真實的別人

你長大了覺得別人會怎麼對你，是因為你小時候被如此對待過。如果你長大後沒有經歷過其他大的創傷，那麼，這個模式就會重複。

你可以反思一下，當你和一個人開始交往或互動時，你對他的假設是什麼：

- 你覺得他是強大的、弱小的，還是和你平等的？
- 你覺得在你們兩個之中，誰更有力量？
- 他是會批評你、要求你、控制你、嫌棄你，像個壞權威一樣？還是處處都需要你的呵護、照

顧、保護，像個孩子一樣？

- **你覺得他是危險的、冷漠的？還是安全的？**
- **你覺得他會傷害你、保護你？還是無所謂？**
- **你覺得他會對你做什麼？會怎麼對待你？**

我們看到自己的假設，就可以順著假設，去發現自己在童年時是怎麼被對待的了。我們回憶自己童年怎麼被對待，也就知道長大後會怎麼假設別人了。

你就會曉得，別人並不是你想的那樣。你需要意識到這是你早年的經驗，這並不是真正的別人。你要知道，別人和你的爸爸、媽媽不一樣。別人可能是嚴厲的，但沒你想的那麼凶猛。別人可能是無能的，但沒你想的那麼弱智。別人可能是冷漠的，但沒你想的那麼無情、殘忍。

那麼，真實的別人是怎樣的呢？

當你放下自己的假設，認真去瞭解一個人，你才可能真正認識他，你也才能真正與他連結，與他產生感情。

因為愛一個人，首先要看到真實的他。

第二章 哪有那麼多三觀不合，吵架常是思維問題

換個角度去想：他發生了什麼？我發生了什麼？

1

吵架多以爭對錯開始。一開始只是想講講道理，指出對方的錯誤、不妥之處，後來講著講著就吵起來了。證明對方是錯的越來越需要力氣，吵架的級別也就越來越高。

其實，吵架本身的事並不一定很大，可能是幾點回家、幾點出門，可能是意識到自己錯了不能承認，所以一定要找出對方錯的地方來。

反反覆覆，都是舊藥新吵。

家庭中，夫妻、父子、母子複雜的關係裡，爭相上演著花式爭執。社會上，錯綜複雜的關

係導致的爭吵就更多了。

在吵架裡，每個人都覺得自己是對的、對方是錯的。但究竟，誰是對的呢？清官不知道，心理學家就更不知道了。

但我們可以去思考：

為什麼明明相愛的人，卻要以吵相報呢？

2

前幾天，一個女孩跑過來問了我一個問題。

這個問題真是如青天霹靂般點醒了我，完美詮釋了為什麼會有那麼多家庭矛盾、為什麼總有人要爭個對錯而吵架、為什麼有那麼多戀人因為「三觀不合」（人生觀、世界觀、價值觀）而分開。由此，我藉此文表達對這個女孩的感謝。

女孩問我：

「老師，請問女孩子活得獨立，是好事？還是壞事？」

這個問題讓我詞窮。身為不知名的心理專家，我是該說好事呢？還是壞事呢？

我知道無論怎麼回答，都會顯得太業餘。這就像是電影裡要拆彈時，剪紅線？還是藍線？其實剪哪根都得完蛋。

這個問題本身就是一個陷阱，是個偽命題，它是一種一元思維的結果。

女孩子活得獨立，是好事。優點太多了：新時代的彰顯，不依靠別人，自由，灑脫，任性，尊嚴。「活出自我」，多麼美好啊。

女孩子活得獨立又不怎麼好，缺點也不少：不依賴，就得自己扛。慢慢地，人就會焦慮、無助、迷茫、孤獨，像是迷失在黑夜裡獨自前行。雖是自由了，但這個自由，你能享受多久？不依賴，也沒有親密，別人無法靠近你，即使你結了婚，也還是要在婚姻內孤獨終老啊。

對錯好壞，發生在不同的情境裡，在不同的人看來，有不同的視角。有依賴的時候依賴，沒依賴的時候獨立，就很好。但有所依賴的時候不依賴，就有點浪費了。無所依賴的時候還不獨立，就容易怨天尤人了。

所以女孩子活得獨立，既是好事，又是壞事。既可以是好事，也可以是壞事，這是二元思維。但這個回答依然是侷限的，這個問題，要在對事情的評判裡作答了。

「女孩子活得獨立」這事，是個獨立問題嗎？女孩子在什麼時候開始思考「活得獨立是對是錯」這個問題了？被人嫌棄了，還是遇到喜歡的人了？想談戀愛了，還是自我懷疑找不到對象了？

她為什麼發出了這樣的疑問？當她這麼問的時候，她其實真正想問的是什麼？

跳出問題本身，能夠對背景、動機等周邊情況進行思考，就是多元思維了。

3

要把事情分為對錯好壞，而且只有這一個標準答案，是我們的「一元思維」。所有的吵架，尤其是家庭吵架，都基於這種一元思維而產生：房間應該打掃乾淨；作業應該今天做完；人應該早起；碗一定要洗，最好是今天洗；人不能被親戚看笑話；燈泡壞了，就要及時換……

很常見的吵架中的話術吧。說的時候氣勢那麼強大，一定是被愛情耽誤了的好銷售人才。

在一元思維裡，事情的標準只有一個，「我的標準」就是世間通用的標準，因此，事情往我期待的方向發展，才是對的，否則就是錯的。

事情只往這個方向走還不行，還得達到了我頭腦中設定的這個標準，才是好的，才是對的，才是應該的。房間整潔度只有達到了我的要求，才算乾淨。你只有達到我要求的工作量，才算勤勞，否則是懶惰。如果你沒有讓事情按照這個標準發生，那麼你就是錯的、就是不好的、就是要改的、就該被懲罰。

兩個都用一元思維思考的人，而且還不一樣。家庭「戰爭片直播版」就上演了。戰爭結果是：誰有力量，聽誰的。

家庭就是這樣，咱倆誰能吵過誰、誰能鬥過誰，就聽誰的。因為「對的」這個獎章，屬於更有力量的那個。我們的潛意識認為：誰強，誰有理。在一元思維裡，只有「我是對的」和「你得聽我的」。

4

能夠成長的人，會從兩面看問題：既對，又錯；既好，又壞。這就是「二元思維」，能從兩個角度看待同一個問題。

不再偏執於對或錯，而是知道：世界上沒有絕對，每一件事情都有好壞面。A有好的一面，也有壞的一面。-A也有好的一面，也有壞的一面。

洗碗是好事，不洗也是好事。累積得多了再洗也挺好。再不洗，於是買了人類發明的洗碗機。全換成免洗碗不用再洗，也是種活法。

打掃房間是好事，不打掃也是好事。從某種意義上來說，愛打掃的人，大都伴有不同程度的焦慮、躁狂和強迫症，很難有時間靜下來思考人生和認真學習。而人類歷史很多偉大的創造是房間凌亂的人帶來的。

即使是太陽升起來了，也有好有壞。對萬物是好事，對不想起床的我就不是什麼好事了。

當我們進入二元思維的時候，你就會感覺每個人在他自己的觀點裡，都是對的。從他的視角來看，因為是對的，所以在堅持。

這個世界上也不是你對我錯、我對你錯的邏輯。而是「都對」，你是對的，我也是對的。**當有兩個對，並且能切換視角的時候，你會發現原來爭吵的問題，就可以帶著理解和認同來解決了。**

當一個人的觀點被認同的時候，他才有了靜下來與你溝通的可能性。

5

除了這些，還有「多元思維」。多元思維讓我們跳出事件本身，從不同的角度看待事件。

當他指責你「碗怎麼沒洗」時，他在用一元思維思考。而如果你也用一元思維思考，覺得「我不想洗就不應該洗」，便吵起來了。

你用二元思維思考的時候，就能大方去承認「是啊，碗沒洗」。你不覺得這是一個錯，你就不因心虛、理虧而反駁。你能認可他說的也是對的，就不會生他氣，所以你們就有了溝通的可能性。

當你用多元思維思考的時候，你就發現除了洗碗的對與錯，洗碗本身也是在表達其他的涵義。比如說：

(1) 老子今天不爽，挫敗感特別強烈，就是想找件事發洩一下。什麼事呢？剛好算碗倒楣。

(2) 最近過得很委屈、孤獨而苦悶，就是想被人哄。你不主動來哄我，我又低不下頭求你哄，甚至不知道我需要被哄，只好找件事擺個高姿態了。

(3) 明天我有朋友要來，萬一他們看到我們家碗沒洗怎麼辦，多丟人。好焦慮。你為什麼不替我分擔？

(4) 你到底還愛不愛我？到底有沒有責任心？到底在乎不在乎這個家？你倒是洗個碗證明一下啊。

在多元思維裡，事情不僅有一種視角，更有象徵、動機、原因、情緒、背景等其他視角。我跟你為這件事而吵，其實是因為別的事。**我在乎的是其他的說不出來的、意識不到的層面，這件事只是個出口和表象。**

所以在多元思維裡，人們除了關注事情本身，更關注事情的周邊。當你能夠以多元思維思考問題的時候，你將變成一個思想深邃、心胸寬廣、思維獨特的人，人格魅力上升好幾級。

如何運用多元思維？

- 去思考對方為什麼要跟你爭論這件事情的對錯。他發生了什麼？可否去關心他？
- 去思考自己為什麼要去指出對方哪裡做錯。我發生了什麼？我可否一致性表達一下？

6

每當你想去爭對錯，或者指責、自責，不如去思考：此刻，你的思維在哪個維度裡？是否有可能，改變自己的思維方式？

打開你的腦袋，它不會開花，它只會讓你的世界更寬廣。

第三章

他不滿足我的需要，我該怎麼辦？

向自己要、向伴侶要、向他者要、與失落感和解：彈性選用。

當你需要一個人，他卻不能滿足你。世界上還有比這更讓人抓狂的事情嗎？需要他愛你、陪你、重視你、關心你，需要他與你有點「靈魂」交流，需要他能給你一些「高品質」時間，希望他做到你所謂的「基本」的需求，需要他聽你的，做你認為「正確的」、「應該的」事情。然而，你發現他就是做不到。

你生氣、威脅、分手、掙扎、自殘，用盡了方法。但他依然無法滿足你，即使他勉強滿足了你，也帶著滿腹委屈和不情願，讓你更抓狂。

有需要是正常且健康的，人活在這個世界上，總是需要外界和他人提供給我們生存所必需的糧食、關愛與安慰。我們不可能所有事都自給自足，我們必然需要別人。

只是，當另一個人無法滿足你的需要時，除了放棄和憤怒，你還可以為自己做點什麼呢？

滿足自己的需要，至少有四種方式。

1 選擇合適的方式，向伴侶要

有需要是沒有問題的，問題是你可能用錯了方式。如果懂得選擇合適的方式去表達需要，你會得到更多。有四個小方法：

(1) 一致性表達

你使用憤怒的方式表達自己的需要，被滿足的可能性就很低。憤怒是一種表達需要的方式，然而「被憤怒」的人，很少能即刻識別到你的需要。人在「被憤怒」的時候，更多的時候只想保護自己，而看不見對方。

你責怪對方「為什麼不買花給我，我很生氣」，不如直接表達「**我希望你可以買花送我，這樣我會很開心**」更容易得到滿足。

你責怪對方「為什麼總是不回我消息」，不如直接表達「**我希望你下次能及時回我消息，**

這樣我會感覺到被你重視」，更容易得到滿足。

一致性表達自己的需要，雖然不一定會被完全滿足，至少會增加被滿足的可能性。

(2) 交換

想得到，就先付出。這種古老的方式，其實會讓你得到更多滿足。那些希望對方多認可自己的人，你會發現他們經常批評對方，而很少讚美。那些希望對方尊重自己的人，經常控制對方，而很少尊重。你想要認可，可以先去認可他。

那些希望對方多陪自己的人，其實很少會陪對方。陪伴的意思，並不是我們倆待在一起，而是我希望你陪我做我喜歡的事。你會發現有這種需求的人，也很少會陪對方做他喜歡的事。你想要陪伴，可以先去陪伴他。

你想得到什麼，你就先付出什麼，先為對方做。這樣的方式，會讓你得到的容易些。如果你都沒有能力為對方做，那你在索取時，是否可以少一些理所當然呢？

更高級一點的付出，就是付出他真正想要的東西。**你得先識別他真正的需要是什麼，繼而願意去滿足他。當他感受到你的愛後，會願意為你做更多。**

(3) 選擇合適的情境

人在表達需要時，通常會不分情境地索取。有時，就像一個飢渴的嬰兒，你不馬上滿足他，他就會暴怒。

很多人會對伴侶的這種咄咄逼人、念叨、黏人、強濃度索取，感覺到窒息，特別想逃走，也會對伴侶這種不分情境的索取感到無奈。

假如他們能**忍個片刻或幾天，能在對方心情好的時候、想溝通的時候、方便的時候去索取，便能夠得到更多的滿足。**這種能力叫「延遲滿足能力」。

成年人與嬰兒的第一個不同就是：嬰兒需要即刻滿足，成年人可以延遲滿足。

(4) 接納他人的侷限

如果你堅持要一百分的滿足，會掉入到憤怒、暴怒裡。你會沉浸在「他為什麼不愛我」、「他為什麼不願意為我做」的想法裡，不可自拔。

想要一百分的滿足，實際上是對一種絕對滿足的偏執。這時你滿腦子都是：我想要，我生氣。但其實你什麼都沒享受到，除了一肚子氣。

如果你開始相信並接受他人的侷限，你才能停下偏執，看到他人其實已經給了一些，甚至很多了。他可能給了三十分，甚至六十分，他只是沒有給你想要的一百分。

當你放下一百分的執著時，你就開始享受已經有的三十分，甚至六十分了。當然這也意謂著，你需要接納剩下的那些，他真的給不了了。堅持要一百分的好處，就是保持他還能給的幻想，壞處就是其實你什麼都沒得到。

成年人與嬰兒的第二個不同就是：嬰兒需要絕對滿足，成年人可以接受部分滿足。

2 向另外的人要

如果你覺得伴侶無法滿足你的某些需要，向「第三者」要也是一個辦法。

「第三者」，我要加引號，因為他不是伴侶關係的破壞者，並非所有的他者都是出軌中的角色。

如果兩個人進入戀愛或婚姻模式，他們四目相對，眼中只有彼此，那是一種非常危險的共生、融合關係。世上沒有一個人可以完全滿足另一個人的需要，所以他們就會升級到相愛相殺裡。

一段健康的情感關係，實際上他們既有融合的部分，又有獨立的部分。對於獨立的部分，實際上就是你有你的朋友和你的世界，他無法參與；他有他的朋友和世界，你無法參與。

你獨立的部分與他人的交際，就是「第三者」。我們可以從那裡獲得很多滿足感。

可以是一些朋友、親人或寵物，當你受傷時、需要被安慰時、需要被幫助時，他們可以給你很多支持。

可以是喜歡的遊戲或事業，沉浸在其中時，你會感覺到一種滿足。

可以是心理師。從他那裡，得到了別人給不了的理解、陪伴與鼓勵。

與他者之間的滿足與付出的界限，需要一種良好的把握，保持自己、伴侶、他者都能接受的範疇就好。

婚姻存在的意義，絕不是要滿足彼此的所有需求，而是滿足了一個人的核心需求，那麼就是一段好的婚姻。其他次要的需求，我們需要他者來提供。

這裡的他者，就是社會支持系統。一個人除了婚姻，還需要社會。

當然，如果你真的厭倦了，或對這個伴侶絕望了，他已不能滿足你的核心需求，你想離開他去換一個能滿足你的，也可以。

3 向自己要

自己滿足自己，也是滿足需求的一種方式。

自我滿足，一共分兩步：

(1) 停止自我迫害

如果你需要一個人肯定你、認可你的時候，會發現其實罵你最凶的那個人，是你自己。你責怪自己不夠好、嫌棄自己差，這時才會特別需要別人喜歡你，認可你。

你需要一個人陪伴你時，會發現其實忽視你最厲害的那個人，是你自己。你把時間給了家務、給了工作、給了忙碌，唯獨沒有給自己。你沒有把時間留給自己，才需要別人把時間留給你。

你需要一個人尊重你、不要強迫你的時候，會發現你是那個強迫自己最厲害的人。你總是在不斷要求自己，應該這樣、應該那樣。你使勁控制自己，才希望別人尊重你，不要再多給你控制。

如果你要別人為你做什麼，先停止向自己繼續索取。

(2) 做一點什麼，讓自己好受點

愛自己，就是為自己做一點什麼，讓自己好受點。在失落的時候，抱抱自己。在需要被認可的時候，買個東西獎勵一下自己。勞累的時候，停下來歇歇。

如果繼續向別人索取，既消耗你，又無法得到滿足。你是否可以停下來呢？停下來，此刻也許會讓你更好受一點。

你想讓別人為你做什麼，能否先為自己做呢？

你是否可以創造一個條件和環境，讓自己得到更多的滿足呢？

4 與失落感和解

前面我們說了三種方法，無論哪一種，你會發現我們能得到的滿足，永遠是有限的。這個世界上，不存在絕對的滿足。即使有，也只會是階段性的或暫時性的，比如熱戀期。因此，我們必須要**學會與「無法被滿足」和諧相處**。

如果一個人沒有辦法與無法被滿足和諧相處，他就會陷入偏執裡，尋求各種方法去得到滿足。他就無法容忍不被滿足的寂寞，難以忍受這個間隙，會想盡辦法去填充。最終在失敗後，依然偏執、暴怒、怨天尤人。

這個世界本來就不完整，他人也是，我們更是。即使我們換一萬個伴侶，也不過是從三十分滿足到了四十分滿足，我們依然要學會面對不被滿足的感覺。不然痛苦不會減少半分。

這才是我們要修習的功課。這種功課就叫「失落感」。

當我們不再是嬰兒，就失去了全能。當我們面對一個人，就必然夾雜著失去與得不到。與失落感的和解，就是接納自己的侷限、接納自己的不完美。

那麼這四種方式，我們該用哪一種？當我們的心理有了匱乏，當我們需要他人，我們該如何處理？

向自己要、向伴侶要、向他者要、與失落感和解，任何一種單一的方法，實際上都偏執。一個健康的方式，就是我能夠運用自己的理性去評估、去感受、去選擇，去綜合使用這四種方式。

什麼才是真正的愛自己？就是我願意在四種方式裡，每種都使用，並且組合出比較有利、恰當和舒服的方式，去讓自己好受點、開心點，而不是執著於管道和形式、執著於我一定要怎麼滿足。

愛自己，就是自我滿足嗎？不全是。

向別人要不可以嗎？不是不可以。

愛自己不是不向別人要，而是願意選擇更多的方式去滿足自己；也就是在嘗試過更多的方法依然得不到滿足後，願意放棄執著，選擇其他能滿足自己的方式。

其實——

所有的得到都是有付出的，
只是有時候我們意識不到自己的付出。
所有的付出也是有回報的，
只是我們付出的較多，而回報較少罷了。

第四章

為什麼你無法享受社交？

不要理想化別人，要學會看得起自己。

1 社交對你來說，是享受的嗎？

雖然不是每個人都渴望社交，但有很多人渴望，卻做不到。尤其是在陌生社交中、心動的異性面前、遭遇權威時、談話陷入沉默時、需要麻煩別人幫忙的時候等。

不知你怎樣理解「內向」。

我們把無法享受社交，甚至無法正常社交的群體，暫時稱為「內向者」。外向者能享受社交，內向者卻很難享受。

身為一個內向者，不知道你是否經常有這樣的處境：

(1) 與人往來的時候，很難主動發起話題

內向者心裡明明點著一團火，一團能燃燒宇宙的火，卻硬生生地讓它熄滅，打了一萬次鼓也爆發不出來，然後磨磨蹭蹭地等著別人主動。有時哪怕就是問個路，也不好意思。想瞭解一下某人，想麻煩一下別人，都不好意思，更不用說搭訕了。

外向者就不一樣了，初次見面，主動說話，他們都能毫無壓力。

(2) 即使開啟了話題，也很容易找不到話接

內向者一遇沉默就慌張，接不好對方的話就緊張。對大腦進行了一萬遍全盤搜索，就是搜不出該說點什麼。恨不得把手裡的紙團揉碎、手指掐出血來、手機劃出個洞來。

外向者則說話像「永動機」，即使知道不多，也總能有話聊。雖然超能聊這個特點不是每次都讓人舒服，但這個能力還是讓人羨慕。

(3) 好不容易有話說了，身體也放鬆不下來

內向者站在別人面前，整個就是一塊鋼板，杵在那裡。胖一點的話就是個樹墩在那裡，紋絲不動。

而外向者能大膽表現自己，看起來很輕鬆自在，在人前十分放得開，唱歌、跳舞、開玩笑，不是有多專業，而是讓人感覺很舒服。

(4) 對於別人的否定、拒絕、不友善，能發揮的就只有「敏感」了

內向者支支吾吾好不容易提出個要求來，表現了一下自己，別人一個不善意的回應，「哐噹」一聲，「玻璃心」就碎了。對於別人的拒絕簡直毫無還手之力。然後就迴避社交了。

外向者則沒有那麼在意別人的眼光，以及別人的否定、拒絕。人家拒絕他，他就敢調侃人家「你這人怎麼這麼小氣嘛」。先不管他們是不是裝的，這個本事能裝出來已經夠強大了。

● 為什麼會這樣呢？

關於內向和外向，至少有一萬種角度去理解，今天我們只是說其中一個角度。

內向者與外向者當然有各自的優勢，但不是每個內向者都能時刻喜歡自己的內向。既然有的人渴望從內向變到外向，心理工作者就應該給他們找到一個方向，而不僅是說服他們接納內向也挺好的。

2 自動假設

在與人交往的時候，我們的大腦會自動產生大量的想法，自動對當下情境進行假設與判斷，以對自己接下來的行為進行評估與指導，這些想法被稱為「自動化思考」。自動化思考在我們大腦裡大量存在，如果我們不刻意留意，很難意識到它們的存在。

在熟悉的、安全的人面前，所有人都會很外向、很放得開，內向者與外向者的差異並不顯著。在不熟悉、不安全的情境裡，內向者與外向者的自動化思考差異就呈現出來。

差異主要表現在兩方面：

- **在交往前，看到面前的人，對他人進行了自動假設。**
- **在他人做出反應後，對他人的反應進行了自動解釋。**

(1) 與人交往前，內向者的假設是——

- 我的存在不值得引起他的注意，他有自己的世界，他的注意力、興趣點不會在我身上。
- 我的存在對他是無所謂的，不被他歡迎的。
- 此刻我主動說話會打擾到他，我這麼打擾他，他可能會生氣。
- 他可能會不喜歡我這樣的人，我實在沒有什麼值得他認識我的優點。
- 對於我的要求，他可能會拒絕。如果我說的話不合適，他會覺得我不禮貌。
- 我主動聊自己的話，他會覺得我這個人以自我為中心，他會沒興趣。我主動聊他的話，他會覺得不耐煩，會覺得我侵犯他。
- 他可能會評判我、嘲笑我、對我百般挑剔、嫌棄我、對我不屑。他對我是不耐煩的。我做錯了事或說錯了話，他就會不開心。
- 我主動會顯得自己巴結他似的，顯得我很卑微。
- ……

(2) 外向者的假設則相反——

- 和別人說話是件小事，不會給他帶來打擾。即使我打擾到他，他也不會太介意。

- 這麼個小忙，又不損失什麼，他一定會願意幫我的。即使他拒絕了我，一定是他有特殊情況。
- 真實的我是被他接受的，所以我可以表現真實的我。
- 如果我和他說話，他是願意回應我的。如果我主動聊自己，他就會更瞭解我，聽我的故事，他會覺得很好玩。如果我主動聊他的事，他會很願意與我分享他自己的故事。
- 如果他選擇了沉默，他真是憨憨的可愛或太靦腆，並非對我不感興趣。
- 我們是平等的，此刻如果我和他說話，我對他來說是重要的，他具有基本的耐心、寬容與承受能力。
- ……

內向者會把他人無意識地想像成一個冷漠的、不歡迎他的、對別人沒興趣的、嚴厲的、毫無寬容心的、不喜歡被打擾的、會拒絕別人的、對別人零忍受的人。在別人面前，內向者會認為自己是卑微的，是不重要的、不起眼的、不優秀的、不被歡迎的人。

而外向者則會把他人無意識地想像成一個熱情的、主動的、喜歡與人往來的、喜歡幫助別人的、有一定寬容心的、有一定承受能力的、能為自己負責的人。在別人面前，外向者相信自己很重要，認為自己與他人是平等的，自己值得別人認識。

- **內向者對他人的假設是帶有敵意的。**
- **外向者對他人的假設是善意的。**

這兩者不同的假設，就會推動人做出不同的初步反應，讓內向者不敢也不願去主動跟人說話，讓外向者敢於並能輕鬆地主動發起話題。

實際上，他人到底是什麼樣子的，除非我們得到了足夠的確認，否則便無從得知。尤其是對於陌生人，他是什麼樣的人、他會有什麼樣的態度、他此刻的狀態是什麼，我們都不知道。

對於我們不瞭解他人的部分，我們就會透過經驗來想像、透過想像來填補。

3 自動解釋

當我們走出第一步的時候，他人會給我們一個真實的互動。他人可能是冷漠的，也可能是熱情的。這時候，我們的潛意識就會再次根據經驗來判斷。

(1) 對於他人的冷漠

這和內向者的認知是一致的。他的解釋就是：這樣很正常，沒什麼，人本來就是這樣的。我就是不夠好、不重要，所以別人才對我沒興趣。因為內向者早有心理準備，他們並不意外，並且進一步強化了自己的看法。內向者會把他人的冷漠和挑剔當成常態，是自己不夠好的必然結果。

外向者則會認知失調，他假設的他人熱情並沒有發生。這時候，外向者就會透過調整認知來達成認知平衡，他們會自動完成對他人的解釋：他此刻冷漠一定是因為他心情不好；他是不是遇到什麼事了；這個人是不是太靦腆了不好意思啊；這個人是不是有病啊，裝什麼裝啊；這個人怎麼這樣啊。他會選擇原諒或憤怒。因為外向者會把這個人的冷漠當成是對方的問題，非常態的個例。

(2) 對於他人的熱情

內向者會顯得有些局促不安、非常不適應、有些緊張。這與他們預想的不一樣，他們認知失調了，不知道該怎麼應對。他們便會自動進行解釋：這次是特殊情況，這個人對我好得有點過頭。內向者就會緊張，想著該怎麼表現得好一點、對人家好一點以補償人家對自己的好。

而外向者會覺得，別人對你熱情才應該是常態，理所當然。你也同樣對人家就好了，大家都是正常人。

所以實際上真實的他人是怎樣的並不重要了。重要的是我們怎麼假設對方、怎麼看待這個世界。

我們與他人互動，就是這兩步：

- **自動假設**。人們會自動把不熟悉的他人想像成一種樣子。
- **自動解釋**。即使對方不是這樣的，人們也會自動替他們解釋為什麼不是這樣，以與自己原來的認知和諧。而不是修改自己的認知，看到真實的對方。

只有兩個人進行大量互動，不熟悉的他人變熟悉了，人們才開始漸漸修改自己的認知：原來他是這樣的人，原來他真的是喜歡我的或不喜歡我的。但人們對於這個世界的假設仍未改變，只是改變了對這一個人的認知而已。在遇到下一個陌生人時，他們依然像原來一樣。

4 經驗決定想法

內向者和外向者，為什麼會有這樣不同的假設呢？

人們對他人的假設認知，來自於自己的經驗。對人影響最大、最深的，就是來自原生家庭的經歷。

如果一個人小時候面對的爸爸、媽媽是這樣的：對孩子很冷漠，沒有興趣；覺得工作、家務什麼的都比孩子重要，不願意多陪孩子；不喜歡自己的孩子，更喜歡別人家的小孩，覺得自家孩子不夠好；對孩子不耐煩，每當孩子讓他們不舒服了，就會被數落；對孩子的錯誤、冒犯，幾乎零容忍。

那麼，小孩子就會內化一個充滿敵意、嚴厲與冷漠的客體在自己的潛意識裡。這個客體便會成為小孩子長大後與人往來的假設模板，當他在與人往來時，在未瞭解別人之前，就把這形象先投射給別人。然後自動退縮了。

如果爸爸、媽媽給了小孩子很多支持、寬容與接納，能原諒並接受他們不夠好，能主動發現並看到他們，能在被需要時給予熱情回應，小孩子就會內化一個好的客體到潛意識裡。他長大後，便會自動假設別人都是好的，能夠主動出擊。

因此，內向者與外向者，實際上是因為他們在童年時內化了不同的客體。內向者內化了一個對自己不在乎、不重視、不友善的敵意客體。外向者內化了一個平等、寬容、尊重、和諧的善意客體。

敵意假設他人，可以讓我們在被傷害前保護好自己，但是也錯過了很多溫暖。善意假設他人，會讓我們在遇到拒絕與挫折時感到失落，但也讓我們能獲得很多溫暖。這兩種假設，誘發別人對自己產生不同的態度，讓兩種人生路的差異性越來越大。

你活成什麼樣子、別人怎麼對你，取決於你怎麼看待這個世界。

5 調整自己

至於怎樣調整自己，就很簡單了：修改自己的童年認知。

小時候，爸爸、媽媽是你的全世界，你沒有機會深入接觸別人。但是長大後，你要知道，

這麼在意別人的看法，你一定很累吧

這個世界雖然有冷漠，但沒你想的那麼冷漠。儘管不是所有人都對你有興趣、不是所有人都會接受你的要求，但沒你想的那麼不堪。雖然你不是特別優秀，有很多地方都不怎麼樣，但你也不是你自我感覺的那麼差勁、你也不是你想的那麼不配引起別人的注意。

更簡單地說就是：**不要理想化別人，要學會看得起自己。**

第五章

什麼是「好的」陪伴？

陪伴，是要帶著「心」參與進來。

1

陪伴，是這個世界上非常美麗的一件事。**世上最溫柔的情話，不是「我愛你」，而是「還有我」。**

好的陪伴，具有療癒功能。

當你得到好的陪伴，你會感覺到溫暖、踏實、放鬆和有安全感，你會想去靠近他、依賴他。

當你得到好的陪伴，你的心會慢慢打開，然後慢慢融化。你會覺得內心原來的一些恐懼、孤獨、陰暗慢慢不見了，好像這個世界變得有意義起來，好像以前的人生從未活過。

你會覺得每天都很開心，充滿力量。即使難過，也會很踏實，不會覺得害怕或有各種顧慮。即使害怕，這種害怕也是有力量的，也因為你可以想到另外一個人，就會變得勇敢起來。

在好的陪伴裡，你不再孤單、不再無助。

然而，不是兩個人在一起，就能有好的陪伴。有時身邊明明有一個人，給你的卻是糟糕的陪伴。

壞的陪伴，會傷害你。

當你得到壞的陪伴，你會感覺到有壓力、壓抑、不自在。你會感覺到與他相處好累，好想一個人待著，並騙自己說其實更喜歡一個人獨處。你會感覺到尷尬、緊張、說不出的不自在，不如自己待著舒服，就會騙自己說其實是因為自己內向，不喜歡社交。

所謂的喜歡獨處，還不是因為沒找到能真正陪伴你的人。

那麼，**怎麼去判斷一個人給你的陪伴是好的，還是壞的？**

問你的感受就知道了：

- **此刻，因為他的存在，你是變得開心和踏實了？還是變得有壓力和壓抑了？**

2

並不是身邊有個人就叫陪伴，也不是兩個人共處一室就是陪伴。兩個人在一起的陪伴，有至少三種狀態：

你陪我。

我陪你。

我們相互陪伴。

在陪伴裡，一個是付出者，一個是接受者。

最好的陪伴，是我們互相陪伴。我們同時既是付出者，也是接受者。比如說我們都喜歡看某一部電影，都喜歡某一個明星，都喜歡做某一件事情，我們一起去做，然後分享，我們就既在補充對方，又在被對方滋養。

然而，人不可能完全一樣，不可能任何時間、任何地方都有共同的愛好和需求，所以不是任何時間、任何方面都能相互陪伴。

比如說男人很難像女人一樣喜歡八卦、韓劇和逛街，媽媽很難像孩子一樣喜歡積木、動畫和泥巴。

這時候兩個人還在一起，就意謂著另外的狀態：我陪伴你，或者你陪伴我。

我陪伴你，就是陪你做你喜歡的事，滿足你的需求，說你喜歡聽的話，聊你喜歡的話題。

我的目標是讓你可以輕鬆做你自己。這個過程中因為我的存在，你也變得更是你自己了。你陪伴我，亦然。

這就是好的陪伴。

如果我愛你，我會心甘情願陪伴你。但是如果我恐懼，我就會委屈自己去陪伴你。

我們有時候並沒有接受別人陪伴的能力、沒有敢於讓別人陪伴的勇氣，就會讓別人的陪伴成為壞的陪伴，讓我們覺得受委屈、有壓力。

這時候，明明你在我身邊、在陪我，卻成了我陪伴你。明明你在陪我做事情、陪我聊天，但是我會怕你煩、怕你嫌棄我、怕你覺得我事多，不自覺壓抑了自己，就為照顧你的感受。

我怕看到你不開心、怕你對我失望，所以我的第一要務就是避免讓你不開心，以你的需求為先，先去照顧你。

我怕傷害到你，所以我得壓抑我的需求，不能輕易罵你、指責你。我在說我想說的話之前，必須要理性思考，要再思、三思，要不要說，怎麼說，都要考慮你的承受力，避免傷害到你。

我怕說錯了某些話、做錯了某些事，會導致你的離開、生氣、攻擊，所以我要憋著，先保護我自己。

這些行為都在說：我要以你的舒服和開心為第一位去說、去做，這樣我才能覺得安全。我只有先照顧好你，我才安全。

當一段關係嚴重消耗我的精力，我就寧願一個人待著，起碼可以保護自己。

3

怎麼給出好的陪伴呢？或者，怎麼算好的陪伴呢？

好的陪伴，有至少四個方面。

(1) 接納

一個人在被接納時，才會打開自己，這時候，陪伴才會成為可能。

一個人在你面前，多大程度上可以做他想做的事、說他想說的話、表現他想表現的特點，不必有所擔心、顧慮，就是他感受到的最恰當的接納程度。

然而，你接納他、允許他，並不意謂著他知道是被接納的。

一個人小時候，如果他做點什麼事，很少得到媽媽的允許和鼓勵，更多的是被嫌棄、要求和禁止，他感受到的不接納就會很多。他就自動理解為這個世界對他就是不夠接納的，也會自動先認為你不會接納他。所以他在你面前，就學會了偽裝、隱藏、刻意。

很多媽媽以為自己是接納孩子的，實際上，孩子發現她的表達裡經常是禁止，而不是允許和鼓勵，那麼孩子感受到的就是不被媽媽接納。

因此，**陪伴一個人，首先就是透過你的行為告訴他，讓他相信：他的一切，好的、壞的，都是可以被你接納的。**

(2) 以他為中心

兩個人在一起，都會有自己的愛好、需求。陪伴一個人，就是暫時放下自己的需求、放下自我、放下自己的想法，去陪伴另一個人做他想做的事，以他的感受和滿足為先。

對於善於討好他人的人來說，這一點做起來比較容易。但是對於自尊心強的人來說，這些卻顯得很困難。

不要以為發表自己的想法就是對他好，**如果讓他不舒服，那你頂多算是對他好，並不會讓他的心感覺更好。**

(3) 參與

長大後，我經常覺得孤單，即使身邊有個人。後來和心理師討論時，發現其實從小我就沒有被人陪伴過。

我的朋友很少，因為我太笨，他們都不大喜歡和我玩。我也沒有兄弟姊妹，只有媽媽陪我。然而，媽媽的陪伴是這樣的：她做了媽媽該做的一切，生活上把我照顧得很妥貼。她會關心我是否餓著、凍著，但並不會關心我是否快樂。我和她玩遊戲，她也會跟著做，但那種感覺就像是在擺弄一個玩偶，媽媽的心並沒有參與。

很多超理智的伴侶和媽媽的陪伴，都在做著該做的事、負著該負的責任，但是你會發現，他們的外在做得非常到位，卻沒有心在裡面。

陪伴，不僅是身體的陪伴、形式上的陪伴，也不是你做了該做的事，而是要**帶著心參與進來**。是那一刻，你把我的事當成了自己的事，成了我的同盟，讓我感覺到了另一人的存在，而不是一個被擺在這裡的布偶。

(4) 鼓勵

我們內心深處有很多不確定，不知道該說不該說，不知道該做不該做。不是不想說、不想做，而是充滿了擔心和恐懼：這可以嗎？這對嗎？這會給你帶來傷害嗎？這會影響我的形象嗎？

好的陪伴，就是**允許並且鼓勵**。告訴他這樣是可以的，並且是被支持的。

鼓勵和支持，會讓我們感覺到力量和勇氣，更加敢於做自己。

4

好的陪伴不是誰都能給的。一個內在匱乏的人，在給出好的陪伴時，內心就會有很多怨言，「你沒給我，我憑什麼給你。」「這太難了，根本不可能，做不到。」「這樣我就沒有了自我，我不願意。我不願意為你放下自我，哪怕是暫時的。」

實際上，我們的確是不可能給一個人二十四小時全然的陪伴，因為我們有自己的需求和脆弱。無論我們多麼想全身心地愛他，我們也不可能全部都去愛、去陪伴。

其實，**陪伴最理想的狀態是：**

當你想去愛一個人的時候，想去陪伴一個人的時候，你給不了他二十四小時，你起碼可以給他一段時間的高品質陪伴。暫時放下你的自我，去以他為中心，感受他的感受，發現他的需

求，陪他去做他想做的事，接納並鼓勵他去做。

當你想有一個人陪伴的時候，可以去尋找這樣的人。世界很大，你可以找到很多，如果你願意。雖然沒有人能給你二十四小時全然的陪伴，但是能給你一段時間的，還是大有人在。你也可以去和身邊的人溝通，說出你需要怎樣的陪伴，期待他怎麼做。

很多時候，愛我們的人，只是不知道如何去愛，並非不愛。這時候他是可以被教會的，哪怕只有一小段時間，這也足夠給人巨大的溫暖和力量。

如果實在沒有人，起碼你可以學會如何去陪伴。這樣你可以讓別人經由體驗，學會真正的陪伴。

你做不到真正的陪伴也很正常，因為你有自己的創傷，也那麼需要別人的陪伴。你既然不能陪自己，也就很難去陪伴別人。那麼，就去努力撫平自己的創傷，學會陪伴自己，再去真心地陪伴他吧。

和你的標準不一樣的，不一定是不好的。

其實——

他不是哪裡做得不夠好，只是他的生存方式和表達愛的方式，

與你不同，

僅此而已。

第六章

拒絕是門藝術，如何高級地說「不」

真正的高級是「靈活」。

拒絕別人，是一門藝術。

若你很擅長，那不用往下看了，你很厲害。如果你是個有「拒絕困難」的人，就有必要思考一下你通常在拒絕的哪個層次裡，然後可以怎樣學習，進一步提升自己拒絕的境界。

人活在這個世界上，總有人會對你有需求，或委婉、或可憐、或強硬。總有人無數次嘗試突破你的界限，讓你感覺到不舒服。不過，**提不提要求是他們的事，而能不能拒絕則是你的事了。**

當你對別人的要求感覺到不舒服時，最好的自我保護方式就是「拒絕別人」。

拒絕別人，有五種境界：

- 不拒絕。
- 代價太大而拒絕。
- 找個藉口去拒絕。
- 不帶理由的拒絕。
- 反提要求。

1 不拒絕

拒絕的最低也是最高境界，就是「不拒絕」。

不舒服的時候還忍著，委屈自己、透過自我強迫來成全別人。我想你已經見過許多人很擅長了。論對自己好，境界最低；論成就別人，境界最高。這個不展開討論。

2 代價太大而拒絕

總有人覺得自己有拒絕困難。實際上，這個世界上不存在有拒絕困難的人，我們每個人都非常擅長拒絕。比如說：「借給叢叢一百萬元吧。」「你沒有？那就給一萬吧。」「沒有」，就是你拒絕我的理由。「捨不得」，也是你拒絕我的理由。所以你不是不能拒絕，而是你潛意識裡寫著一個限制你的信念：**在我能力範圍內的，做了也沒什麼大的代價，就不能拒絕。**

比如說，媽媽要求你每週至少打一通電話給她。雖然你覺得很煩，不想做，但你難以拒絕。可是面對媽媽逼婚，要你嫁給一個有錢人，你拒絕起來就容易多了。

比如說，老闆讓你加班。如果你下班後有追劇、約會、陪貓、健身等安排，你通常難以拒絕老闆。若你下班的時候突然扭傷腳了得去醫院，你就會果斷地拒絕加班。

區別就是：前者，你的拒絕原因不是很重要，委屈自己也沒什麼大的代價；後者的理由則非常客觀，不拒絕的話，你損失慘重。

你是不會拒絕嗎？你之所以難以拒絕，是因為你有能力滿足他人。當你知道自己滿足別人的代價太大時，你比誰都懂得拒絕。

當意識到自己能力有限時，你的拒絕就是真誠的，甚至毫無內疚。對方再堅持，可能你就會憤怒。

3 找個藉口去拒絕

當你客觀上有能力滿足對方，並且代價完全在能承受的範圍內時，你的拒絕困難就會升級了。你的感受告訴你不想滿足他，可是你的理性又讓你無法說出口。這時候你就會找個藉口，拒絕對方。

藉口不一定是說謊。而是你知道，那個不是真正的原因。

比如說對方約你吃飯。其實你不想，但你說不出口，你就會藉口說今天沒空、明天沒空、下週沒空，找一大堆理由，唯獨不能直接說：因為我對你沒興趣。

比如說健身教練叫你去上課，你不想去，就藉口扭到腳了。教練說：「沒關係，可以練上肢。」你又藉口卡丟了，教練說：「沒關係，我記得你。」你把這輩子能撒的謊都對教練說了，唯獨不能真誠地說出：我就是不想去。

一個朋友有次跟我說，他參加了交友網站「珍愛網」的活動。銷售人員很親切地拉著他聊了兩個小時，邀請他趕緊辦張正在打折的一萬八千八百八十八元的會員卡。他很煩，但硬是沒走成。

當時我很好奇，「兩個小時欸，很煩又為什麼不拒絕，還待那麼久？傳銷不讓你走？」

朋友說，他拒絕了。他說薪水低，沒那麼多錢。銷售就說可以用信用卡，分期。他說不急著找對象，銷售就曉以利弊地證明老婆再不找就沒了。他說回老家相親也可以，銷售就開始分析老家的相親品質怎麼不行。他們這樣來來回回，撕扯兩個小時。朋友找了那麼多藉口，唯獨說不出：我就是不想辦。

面對別人的需求，困難的不是拒絕，而是要艱難地搜索大腦，編造理由。這時候人的潛意識裡，有另外一個限制性信念：**我拒絕你，就要有合適的理由。我沒有合適的理由，就不能拒絕。**所以**當你難以拒絕時，其實是因為你自己理虧而心虛，覺得不應該拒絕別人。**

找理由拒絕別人是有侷限的。費腦筋不說，只要是藉口，就有被別人攻破的可能。出招，就會被拆招。直到所有藉口都站不住腳，再也無法拒絕，你就又順著對方了。因為你並不是客觀上無法滿足，而是主觀上不想滿足。

找理由拒絕別人又是有好處的。最大的好處是迴避了「我在拒絕你」的感覺。我不做，不是因為我不想，而是現實不允許。不是我拒絕你，是理由在拒絕你。

第二個好處就是，這樣我不僅不用滿足你，還讓你理解了我。我是有理由的，所以你要理解我，不要怪我。

這時候你給對方傳遞的信息就是：我其實是很想滿足你的。你只要讓我找不出理由說不，我就跟你走了。

4 不帶理由的拒絕

拒絕別人這種事，理由越充分，拒絕得越坦然。當理由是客觀限制時，拒絕得最坦然；當理由連自己都覺得心虛時，拒絕得最沒力量。

可是**拒絕，一定需要理由嗎？**

很多事情，你發現找不到合適的理由拒絕，甚至覺得不該拒絕，但你就是不爽，不想做。那怎麼辦呢？

先講一個前些時候很流行的故事吧：

婆婆和老公都強迫媳婦不要養貓。

婆婆家不讓她養貓的理由當然很多啦。媳婦不開心，又找不到反駁的理由。向親媽傾訴吧，親媽來了句：

「難道你還要為了一隻貓離婚嗎？」

媳婦更無法反駁，他們說的確實有道理，所以她只能無奈地把貓送人了。

故事的結局之所以是這樣的，就是因為媳婦說不出：是的，即使離婚，我也不願意放棄養貓，沒有為什麼。

好朋友找你幫忙、熟人賣給你東西，也是這樣的。你自身覺得不應該拒絕，卻也無法找到能站得住腳的理由拒絕。好像找不到理由拒絕，自己就無情無義了。所以就會一次次妥協，並安慰自己不是什麼大事，做人就應該這樣。

再比如你答應過人家，然後又想反悔。你就是不想做了，但是又找不到反悔的理由。好像找不到理由拒絕，自己就是個言而無信的人了，所以就不得不去做了。

其實拒絕，並不需要理由。你完全可以直說：我不想做，我不喜歡，我不願意，我反悔了。如果非要理由，理由就是：我不願意，沒為什麼。

拒絕的第四重境界，就是要你真誠地表達「我不願意」。**不帶理由的拒絕，其實就是把拒絕的主體換成了「我」**，而非「現實」了。這時因為沒有現實理由，所以就無法被攻克了。我不出招，所以你無法破招。

人之所以難以表達，是因為潛意識裡的這個信念：**我的感受和意願都是不重要的**。沒有理由的拒絕是有代價的。代價就是幾乎斷送了對方理解你的可能，並因此而感覺到自尊心受傷。過於善良的人就會內疚，好似自己這樣就是個冷漠無情、不近人情、不守信用、以自我為中心的壞人了。好似這樣會傷害到對方，自己是個加害者一樣。

會內疚的人，是因為潛意識裡有一種限制的信念：**拒絕會傷害別人，而我不能給別人帶來傷害**。

可是，為什麼不能傷害呢？我拒絕，你就會受傷的話，那我要為你的感受負責嗎？**你對我有需求，那你就要承擔被拒絕的可能。你要為你的需求負責，而不是我為它負責。**我的任務，是先照顧好自己。在我不願意時，就要告訴你。

這時候需要破除的潛意識裡更深的限制性信念就是：**別人對我有需求，我就得對他的需求負責**。

5 反提要求

以前我以為能任性說「不」的人，已經很厲害了。直到我遇到了另外一種人，才知道拒絕還有比直接說「不」更高明的方式。

前幾種拒絕都是在「防禦」。**拒絕的第五重境界，根本不需要拒絕，而是「反客為主」，對對方提要求，讓對方陷入如何拒絕你和無法拒絕你的境地。**這時候，對方的主要任務就不再是如何要求你，而是如何拒絕你了。如果對方無法拒絕的話，那你還可以順便「撈個便宜」。

因此，拒絕的第五重境界就是：我不僅不會滿足你，我還想要你滿足我。我可以滿足你，但你得先滿足我一個更難的。如果你不先滿足我，你怎麼好意思要求我呢？

這時候既迴避了「我不滿足你」，又成功地拒絕了別人的要求。

你一定很累吧

一個朋友講了他關於拒絕的經驗，我聽了拍案叫絕。

他的朋友想賣保險給他。對方剛開始講，他就打斷了賣保險的話題：

●

「今天高興，不要談這些事了。來，喝茶。對了，你孩子那件事怎麼樣了？」

一句話，提了三個要求：**別說這個話題，喝茶，談你的事**。賣保險的人，就陷入了三難境地：要不要接受這個不說保險的要求，要不要端起茶杯來堵住自己的嘴，以及要不要暴露自己那不開心的事。

他使用了打岔的方式，將話題的重心進行了轉移，轉移到了對方身上，還透過「喝茶」中轉了一下，讓對方從進攻變成了防守。

還有一個朋友拒絕熟人賣保險給自己的時候，他的處理方式是說：

●

「我很想買啊。只是最近在買房，還想找你借點錢周轉一下呢，你看……」

他直接反轉。把被要求花錢，變成了主動借錢。弄得賣保險的朋友不好意思再說這個話題了。

難以拒絕的人，都在思考如何拒絕。但是在第五種境界裡，以退為進：我願意滿足你，我要加條件。從而讓對方自己退去了。

人之所以不能反客為主，則是更深的潛意識限制信念：**我是不能對別人有要求的**。人真正不會拒絕的原因，其實是「不會提要求」。

6 拒絕的最高境界：「靈活」

這五種拒絕的境界，沒有哪種更高級。真正的高級是「靈活」。

有些情境，就是不適合拒絕。所以你就是要委屈一下自己、犧牲一下自己，滿足別人，以換得一定的利益或安全感。

有些情境，你無法滿足別人，就可以真誠表達自己的困境，告知對方自己真實的意願。雖不滿足，真心猶在。

有些情境，你就是要找個藉口委婉拒絕人家，好保全雙方的面子，不至於尷尬，好讓關係猶在。

有些情境，你就是可以任性做自己，簡單說出「我不願意」。但你得準備好失去這段關係，並且承受對方的受傷。

有些情境，需要用一點策略、消耗一點智商和EQ，讓拒絕變得過癮且美麗。

你一定很累吧

對於不同的人，拒絕的方式就是不一樣，這就是靈活。你需要學習的，就是達到更加靈活使用這五種方式的境界。

我稱之為「境界」，是因為隨著人的心智不斷成熟，拒絕的靈活度也會不斷提高。而讓你的拒絕水平更加提升和靈活的方法，就是看到並破除你潛意識裡這些限制性的信念。

下次，當你拒絕時，先看看你在哪個層次裡。

第七章

我們之間的矛盾、失望和疏離

「絕對被愛」根本不存在。認清這點，是維護成熟關係的開始。

1

任何一段關係往往會產生很多矛盾。因為有時對對方失望而產生憤怒和委屈，有時候會控制不住地想跟對方吵架、暴怒，有時候則只想默默地離開他。

對一個人失望，真的是件讓自己很難受的事情。

我們網路課程上有個同學說她生病時，和她關係最好的同事居然沒關心她，她覺得這個同事自私、冷漠的本質暴露無遺，於是選擇了默默地難過、並疏遠同事。

我們薩提爾的課上也有個爸爸說，他總是控制不住而打孩子，大發雷霆，雖然他很愛孩子。

我們也都見過太多這樣的事情：戀人之間，因為對於對方的某個特點、行為、性格失望，無數次想遠離。好朋友之間，因為對於對方的某個特點難以接受而漸行漸遠。即使他們之間還是很關心對方，也愛著對方，但依然遏制不住因失望而產生想遠離的衝動。

2

有時候我會想：為什麼我們會對一個人失望？為什麼小時候我們可以有那麼多的玩伴，越長大卻越覺得孤單，覺得沒人能依賴、沒人能懂自己、沒有人能真正地陪自己？

我們總是幻想著找到價值觀一致的伴侶或朋友，卻總是因為價值觀不同而遠離。

後來我也覺得：有能力對一個人失望，也挺不容易的。有能力對這個人發火，激發矛盾，有能力傷心，想默默離開，都挺不容易的。

因為這首先需要熟練地運用**「情感隔離」的防禦機制**，也就是你得先把體會對方此刻感受的能力捨掉。

我們都具有感同身受的本能，看一個人受苦，會自動激發我們的慈悲心；看一個人在打針，會不忍心看；看一隻小貓在瑟瑟發抖，會想保護牠；看可愛的人和可愛的花，會充滿了欣喜。

我們本來就具有感受一切的能力，這種感受力讓我們的人生變得無比美好，因為萬物的存在而感到欣慰。而你對一個人失望前，就要先與他完成情感的隔離，這樣你才能忍心，才能看不到對方此刻的悲傷、無助和委屈。

不要說什麼他那樣無情、自私、冷漠的人，怎麼會有悲傷和委屈。就連一個陌生人對你失望時，你也會感到難過，何況這個與你朝夕相處的人呢？

情感隔離的好處，就是我不去感受你的感受，這樣我就不會內疚，就能對你繼續隔離了。如果我能感受到接下來要對你進行發火、遠離等「酷刑」會傷害到你，我就無法那麼做了。情感隔離就像一劑麻醉劑，好讓接下來的「手術」更容易接受。是的，接下來我要對你「動刀」，在我使用這劑麻醉藥後。

3

我只有對你情感隔離，才能忽視真實的你、忽視你的感受。好把我對理想客體的形象投注到你身上。我那麼需要一個理想化的客體，可是我沒有。我只能透過假設你是那個理想客體來實現這個幻想。這個過程，就是把他人理想化的過程。

我們需要一個理想化的客體來滿足我們自己，來以我們為中心，無時無刻不照顧到自己的感受，並能及時懂得我們的想法，適應我們的需求，滿足我們一切的心理需要，讓我們體驗到子宮裡的溫暖。我們最大的幻想，可能就是讓這個宇宙都以我為中心吧。

對不起，誰讓你靠近我，和我產生感情。我不對你動手，能對誰動手呢？我一旦對你產生了情感投入，就像是投入了你的懷抱一樣。你照顧過我、滿足過我，我就會對你激發我所有的貪婪，想讓你給我全部的滿足。

4

這種情感連結太熟悉，就像是嬰兒時期對媽媽的感覺一樣。它激發了我們在前語言期對媽媽的感覺，所以我們會把這個人理想化為理想的媽媽。

如果當年媽媽沒有給予我們想要的絕對關注、沒有以我們為中心，我們就會一生在潛意識裡怨恨媽媽為什麼沒有給我們足夠的愛，就想報復她。長大後，任何一個讓我感覺像她的人，我都會在潛意識裡推動報復。

所以我要理想化你。一方面想向你要我想要的所有，一方面也不相信能得到。事實上，的確是沒人能給我想要的，所以我就要透過發火、遠離你等方式，來報復你。

如果這個人是自己的孩子、最愛的伴侶，我們的潛意識就更不會放過他。

理想化的時候，就失去了客觀。

也就是我在對你失望的時候，是要先情感隔離，然後理想化你，接著幻想向你索取，最後明知道得不到而進行報復。在我失望的時候，就會把這個現實客體所有的好都抹掉。

你以前對我的好，都一筆勾銷。我們以前的情感，都不在紀錄裡。因為此刻你對我不好，所以你整個人都不好。無論你以前對我多好，我都要假裝視而不見，這樣我才能安心地對你報復。

5

只是，一旦我們陷入這種偏執分裂裡，就再也沒有辦法體會到真實了。我們只能沉浸在自己的感受裡，失去了客觀判斷的能力。

而客觀卻是：

- **他既是個好人，也是個壞人。他對我有過情感輸入，也有情感傷害。即使他此刻邪惡，也不代表他就不是個善良的人了。**
- **他並不是那個能百分之百滿足我、實現我需求的人，也不會圍繞著我轉，更不會因為我的需求而產生絕對改變。**
- **他和我產生關係，對我的好，本來就是多餘的。那既不是用我對他好換來的，也不是他欠我的。而是我們之間自然情感的流露，沒有一百分，只有六十分。**

6

有能力讓自己的視角恢復客觀，也就是成熟的開始。同時，成熟又是失落。

失落，就是知道你想要的這個理想客體，永遠都不會來。你不再有機會將他轉移到任何人身上來假裝滿足。你想要被絕對照顧、想體驗絕對被愛的感覺，根本不存在。你媽在你很小的時候沒有完全以你為中心，你這一生無論怎麼努力和幻想，都實現不了了。很悲哀，不是嗎？

當你願意成熟，你也有能力維護好關係，就能在現實的基礎上，讓自己擁有更多的溫暖與快樂。

你可以做這四件事：

(1) 接納

接納你面前這個人是個四十分的壞人。

某種意義上來說，你所遇到的每個人，都是一個壞客體。他不能給你絕對的滿足，永遠圍著你轉。每當他不能圍著你轉時，你就會感覺到失望、生氣、委屈。但你還是要努力跟他在一起，不然你會沒朋友、沒戀人，真的一無所有。因為你潛意識裡的標準，不會有人滿足的。

接納他，就是理解他不能一直圍著你轉、不能無條件滿足你的所有要求，就是明白他也有缺點。

(2) 盡量維護你的壞客體那好的部分，不要太計較

他有好的部分，你已經是多得的了。你計較，是因為你還想幻想他以你為中心，這是你需要自己去做的功課。

(3) 勇敢的情感捲入

當你失望時，很容易情感隔離。但這時候你要對他進行情感捲入，看到此刻你失望，其實他也有悲哀和難過，需要被你看見。你需要投入一定的情感去關心他。

這並不是為了他，而是為了你自己。

因為當你願意給自己一個推動力，對著自己，走出自己「無助的我」的感覺並走進他後，會發現其實你們一直在一起，你想要的一直都在，你人性善良的那一面也不會再去殘忍地無度索要。

(4) 為自己做

此刻，沒有人滿足你的時候，你起碼可以先滿足自己。已經成年的你，去抱抱那個如此需要被呵護、被關注的童年時的你吧，去用心安撫他。

如此，你就可以享受快樂。因為你可以安然接受他的忽視、缺點、冷漠，你能忍受他這些不好，你才能看到真實的他、才能與他繼續相處下去、才能看到他好的一面。也就是說，有能力忍受一個人帶來的痛苦，才能享受一個人帶來的快樂。

你受不了一個人不好的一面，怎麼能享受一個人的好呢？

第八章

什麼是「真的」付出？

你是享受付出的過程？還是想得到結果？

1 付出，不一定能得到

「付出」就是為了一個人、一件事而去做些什麼；「得到」就是這件事、這個人給了我們什麼。這兩者看起來是相關的，但又不是絕對相關。因為我們有太多付出卻沒有得到的經驗，所以我們在工作中、關係中，才會有這麼多抱怨。抱怨老闆、戀人、朋友對自己不夠好，感覺自己付出了很多卻沒有得到他們的認可。偶爾也有得到卻沒有付出過，以至於我們常常感覺不應該得到，或得到時惴惴不安。

其實，所有的得到都是有付出的，只是有時候我們意識不到自己的付出。所有的付出也是有回報的，只是我們付出的較多，而回報較少罷了。

2 我們對他人的付出，存在著兩個動力：外在動力和內在動力

(1) 外在動力

很多人都認為：「外在動力」就是我付出的動力是你，想為你做。**當我是在為你做的時候，我就期待伴隨著回應。這時候，我把「付出」與「得到」做關聯，畫了等號。**比如說我做家事、為你服務、照顧你，我為你付出這麼多愛，你就要給我回應。如果我得不到，我就不付出了。如果這個世界允許不公平，那我更願意這樣：我少做一點或乾脆不做，你就可以為我做很多。

這時候的付出，沒有得到我們想要的回應，就會激發我們自我保護的憤怒，以抱怨、失望等形式展現出來。我們會覺得「我為你做了那麼多，你怎麼能……」。

這裡有兩個動力會把人推開。

- **強迫：**我們的付出帶著期待。沒有被滿足而產生的抱怨、失望等情緒，都是一種強迫，這種強迫就是你不按我的期待去回應，我就要情緒給你看，你要麼就在這裡接受我的情緒威脅、要麼就離開。我想面對被強迫，正常人的潛意識都想用離開來回應。
- **計較：**想得到的付出裡，包含著很多「比較」：在付出與得到之間默默比較，比如工作量

和薪水之間的比較，為愛人做家務與得到的讚賞之間的比較等，這些比較，其實就是「計較」。它們會被別人感受到，而讓別人想躲開。

(2) 內在動力

「內在動力」則是我為自己而做，不與得到做關聯。**我做了是因為愛、是因為我想做，我開心。如果能產生了回報就是多出來的。**這時候是我自己的動力推著我去做了。這時候的付出是不含太多期待的，甚至我們根本沒有意識到自己在付出。

是的，許多付出，我們都沒有意識到在付出，因為那是內在動力的驅動。

有時候我們不去為別人做，反而覺得難受。比如說看到心愛的人在受苦，看到雪地裡有人在推車，我們會毫不猶豫地去做些事情，來讓自己心裡踏實，因為我們心裡有愛。

這時候我們得到了一些認可、愛、讚美，都是多出來的，我們都很欣喜。這種付出，只是從結果上看起來是付出，而實際上我們並沒有選擇付出，我們的第一動力是為自己付出。正如我寫的一些文章，如果你看到了覺得有益，貌似是我在付出。但動機上，我首先是為了滿足自己對文字的熱愛。

實際行為中，我們與他者產生聯繫，是內在動力與外在動力的結合，它們同時存在，各占一定比例。因為我愛你，因為我想做，所以為你做。同時我也想得到一些回報和認可。但這兩者比例協調不好的時候，就會出問題。

對工作和對他人莫不如此，我們愛的程度和需要結果的程度，決定了我們對於付出的感知。

3 計較付出，是因為沒有了愛

先講個被我改編了的故事：

一天，有群小孩在一片空地上踢球，跑著吼著，不亦樂乎。結束時，有個老人過來說：「嗨，孩子們，你們在這裡玩耍，真是帶給我很多快樂，我很感動。為了報答你們，我想給你們每人五塊錢，你們天天來玩好不好？」

幾日後，老人說，收入減少了，只給每人三塊吧，孩子們勉強地踢了一個下午的球。

再後來，老人說，只能給一塊了。於是孩子們說：「只付出一塊錢，就想獲得我們的表演，沒門。」

我們假設老人真的是享受孩子們帶來的快樂的，那麼孩子們的踢球就是對老人的付出。一開始完全是內在動力，是孩子們在享受踢球的樂趣。有了錢的介入後，動力開始產生轉移。直到外在動力大於內在動力的時候，孩子們的付出動力已經完全產生了改變。這種動力的改變就把踢球這件原本快樂的、享受的事，變成了一件很累的、為了結果的事。

很多人能共患難，比如患難夫妻，因為付出是為了自己的夢和愛。一旦發達了，卻無法在一起了，因為付出開始變質了。

假如孩子們一直踢下去，我猜他們會有很大的抱怨：我這麼累死累活地為你付出，你怎麼才給我這麼點錢。老人做為老闆、戀人等付出對象的象徵，他是會有很多不滿意的，他會覺得與你的關係開始疏遠了。

那麼，在什麼情況下，我們會找不到內在動力去付出，而用外在動力付出呢？兩種情況：內在的愛不足，外在的擁有匱乏。我們推導出了兩個殘忍的結論：

(1) **當你在付出，卻沒有足量的內在動力，是因為你真的不夠愛，才會無法推動你去做。**也就是說，你在說付出了很多的時候，實際上是在說「我不愛你」。所以才選擇了把付出說出來，強調我付出了，生怕被你忽視了。我們為什麼會強調一個事實呢？因為內在的匱乏。不是匱乏付出，而是匱乏愛。所以我要透過說出其實我付出了，是愛你的，以掩飾內心匱乏的愛。

(2) **我並不相信你會愛我，不相信自己會得到，不相信自己值得，所以才會想透過付出的手段來得到愛。**

總結起來就是：因為我不愛你，所以我不相信你愛我。可是我又想你愛我，我就要玩一點手段來得到。然而，我不想顯得太自私，就要用不自私來反向掩飾。對於這樣的人來說，以付出為掩飾最合適了。

這兩個動力，已經足夠把他人推開了。

4 什麼才是真的付出？

心理學家常教人說：你喜歡蘋果，他喜歡香蕉，你不要把「將蘋果給一個想要香蕉的人」當成付出。

但問題是：如果我不夠愛你，我哪來的香蕉？我這麼缺愛，我想要的蘋果，誰給我啊？我給你蘋果，只是因為我想透過付出來得到蘋果。我連蘋果都沒了，哪有力氣去擁有香蕉。

我們內心沒有愛的時候，就會看不到對方的存在，而沉浸在自己的「匱乏感」裡。我們會強迫自己給出的，只能是自己擅長的東西了。

當我們內心有足夠的愛時，付出才是一件自然發生的事情。因為那是一種自我滿足。並且相信，我的愛，足以照耀你。

真的付出，基於三個方面：

- 我愛你、他及我做的工作。
- 我愛著自己、欣賞自己，相信並提升我的存在價值。
- 我相信自己是值得被世界善良對待的。

(1) 我愛你、他及我做的工作

第一點容易發生，愛就是愛，不愛就是不愛，感覺這種事，不好說的。

(2) 我愛著自己、欣賞自己，相信並提升我的存在價值

第二點對有的人來說是有些難的，它取決於你的自我悅納與自我欣賞程度。

比如說，相信自己的存在就是一種付出，因為你的特質、經歷、狀態，會帶給別人很多安慰。接受別人的幫助就是一種付出，你的接受會讓別人感覺到自己的存在而免於孤獨，甚至會給別人成就感和付出的出口。

愛自己的意思，則是我願意去實現我內心所想，跟隨著我的心去表達我的愛，盡量少去做些「應該」的付出。於是我做了很多事，但我並沒有覺得我在付出，那並不是為你付出，那是

為我自己內心的情感流動。

當我做完時，覺得坦蕩蕩、舒坦。至於你回不回報，真的沒多大關係了。也就是一個不缺蘋果的人，才可能不記掛著蘋果，才能看到對方需要的是香蕉。

(3) 我相信自己是值得被世界善良對待的

第三點是你願意相信你本身就是在被愛的、值得被愛的。所以你不需要經由別人做什麼來證明，也相信自己的價值足以換來別人的愛，相信自己值得擁有別人對自己的好。因為你的存在，已經給了他們足夠的意義。

根據這三個方面，你可以檢查一下你的付出是為了誰：我為你做了這麼多，你怎麼還不來滿足我？我怨你；為你做這些事情，我實現了我心裡的很多愛，我很滿足，謝謝你。

或者說：

你是享受付出的過程呢？還是想得到結果？

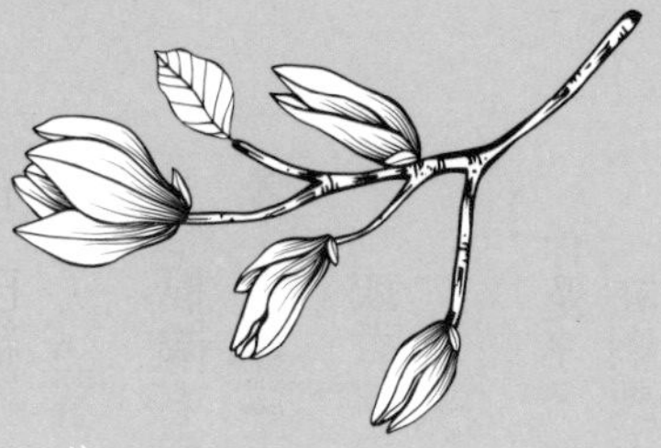

其實——

受傷與愛，都是一段關係的必備元素。

重要的是提高自己的「心靈恢復力」，

在愛來的時候，享受，

在受傷的時候，承受。

第九章

沒人能比你更懂得如何照顧你的情緒

此刻，我看見我的情緒，而不是習慣性地發洩或壓抑。

人活著，「情緒」是不可避免的，有時候積極，有時候消極。但我相信的是，每種情緒都有它的積極意義，並可以被我們所用。然而，卻不是每個人、在每個時刻都能發現它的積極意義，更難以去運用。

1

在網課上，有位同學談到她喜歡的一個男生約她出來吃飯，竟然帶了自己的女朋友，還當著她的面卿卿我我，並且事先都沒有通知她會帶女朋友來。

然後這個女同學就委屈啊、難受啊、生氣啊，責怪男生為什麼不早說，責怪為什麼要在她面前秀恩愛。當然，為了呈現自己其實無所謂的大度，她還是選擇了隱忍，默默地忍著淚吃完了這頓飯。

我們很多同學都發出了疑問，「既然難受，為什麼不離開？」我也問了句，「既然有情緒，為什麼不去照顧它呢？」

她說：「怎麼照顧，我總不能對他發火吧。」

我就附和著開了個玩笑，「既然難受，那就直接甩他兩個巴掌吧。」

這是我們常用的兩種處理情緒的機制：壓抑，伴隨著否認；發洩，伴隨著報復。

從禮貌的角度來說，當眾發洩情緒是很不好的。她有著很多傷心、憤怒、委屈，但是既不允許自己哭，又不允許自己鬧，甚至不允許自己有情緒。

她用很多理由來說服自己不應該有：人家那麼做很正常啊，本來就是你自己的問題；人應該知難而退呀，何必自討沒趣。很多人在安慰自己不該有情緒的時候很有一套：愛你的人不會讓你受委屈，讓你受委屈的人根本就不值得你那樣。

可是情緒這東西，有了就是有了，哪有什麼正常不正常。

我們運用上面所說的兩種機制來處理情緒，這兩種機制必然伴隨著另外一種隱性的機制：我希望你來為我的情緒負責。因為是你沒做好而導致了我的情緒，我希望你能回到過去解決這件事，以讓現在的我沒有情緒。其次，我會期待你來做點什麼改變，照顧一下我現在的情緒。這個就不做過多討論了。是他的原因又怎樣呢？是你有了情緒，又不是他受苦。

2

我不建議使用壓抑否認、發洩報復或要求別人來負責等方式，來簡單、粗暴地處理自己的情緒。

我始終覺得，身為一個成年人，我們在對每一件事情的處理上，要看到至少三個選擇才對。**「習慣」會把我們推向單一的路，但是「覺察」可以讓我們解放、自由。**

- **解決情緒的第一步永遠就是「覺察」**：此刻，我知道我有情緒，我看見我的情緒，而不是習慣性地發洩或壓抑。
- **第二步則是「決定」**：決定我要如何去照顧我的情緒。

看似簡單的兩個步驟，卻可以把我們從習慣的枷鎖中撈出來，重新塑造一個全新的自己。

對於情緒，我們有很多種照顧它的方式：

(1) 延遲性發洩

我承認的確有些情境不適合發洩情緒，比如被主管或客戶罵，比如說撞見前男友和他的新女友，但這絕不是要壓抑下去。我們可以暫時壓抑一小段時間，然後伺機發洩。我常常用這種方式，白天受了委屈，晚上就去打拳，然後「嘿嘿哈吼」地發洩一通，直到手臂痠脹，才慢慢頓悟。

你也可以用跑步、大吼、找人傾訴等方式來清理不良情緒。我最愛健身的時候，大約就是想發火或想哭的時候了。也不知哪來那麼大動力，我猜測情緒能是可以轉化為體能的。因此當有情緒了，你就去Make yourself stronger and stronger吧。

當然，在暫時性壓抑的時間裡，你得照顧好自己，與自己的情緒一起待一會兒。就像你受了傷，送往醫院需要點時間，但這個過程裡，你**先照顧一下自己，別再折磨和忽視自己吧**。

(2) 昇華與競爭

「昇華」就是讓情緒成為積極的一種動力。我們的任何情緒，包括傷心、委屈、絕望、無助等，從本質上來說都是一種攻擊。憤怒還是一種比較高級的攻擊，有能力指向外在客體。

當這種情緒指不出去的時候，就會反指向自己、攻擊自己。既然是攻擊，就應該讓它到有價值的地方去。

發洩和報復是一種攻擊的表達方式，但這種方式不被社會規範所允許。昇華，就是把情緒的發洩規範到社會允許的範圍內，比如說競爭、發憤圖強。

我難過的時候就喜歡發憤圖強。讀大學時，常感覺到被室友和同學忽視，這會激發我的被忽視的情結，讓我很受傷，每當這時候就暗暗較勁：我一定要好好努力，出人頭地，讓你們後悔當時對我的忽視。這也是一種報復，但是，是被社會規範接納的。

(3) 處理舊有的傷

我們所產生的每種情緒，都不是單純的當下事件所導致的，都伴有著幼時對父母未處理的情緒怨恨和委屈。因為沒有一百分的父母，**當時的情緒被儲存了下來，每當有類似的情境出現，我們就會格外敏感，容易體驗到被拋棄、被忽視、被否定等感覺，而產生情緒。**

你可以用理智去判斷一下，這種情緒是否是不合時宜的：這個事件如果能引起你三十分濃度的情緒，三分鐘就可以消退；結果你有了六十分濃度，一天多了還記著，就是強度不合時宜了，你就需要慎重反思自己的移情了（**移情：將過去對重要客體的情感體驗，不恰當地投射到了另外一個人身上**）。

因為你的情緒已經在提醒你幼時的傷，需要被看見，需要去被重新修復。這就像我們的身體，用力一按是會痛的，但是如果特別痛，肯定是有個結在那裡。因此，每次的情緒也都在提醒你：對不起，你有舊傷沒處理。請處理完後再重新生氣。

這也是長大的過程——心理年齡的長大。

(4) 健全自由的人格

每種被留意的情緒，都值得被分析。**每種情緒都有話要說的：它說了些什麼，你怎麼限制自己，潛意識怎麼反抗，情緒都在一一提醒你。**我們每週都在做這樣的事情，分析自己，挖掘自己，看看那些限制是什麼。

「看見」就是打破。比如說上面提到的那位同學，她的限制是「照顧情緒就是發洩情緒」，而她是不允許自己那麼做的，所以她沒想到去照顧情緒。當她看到照顧情緒不僅是壓抑情緒時，就可以選擇照顧自己的情緒，找藉口溜走，去哭一會兒了，而不必強忍到最後。即使是壓抑，也可以看著自己壓抑，等著待會兒回家發洩，而不是去埋怨對方不照顧自己的情緒。

事實上，每次對情緒的探索和修通，都是一次次地打破自己的限制的過程，實現自由的過程。這就是成熟人格的基本特徵——自由。

再重複一遍：**即使你付出了很多，委屈了自己，當你期待他人來照顧自己的情緒時，基本上都是無效的，都不如自己照顧自己的情緒來得爽快、自由。**這就像是吃飯，別人來餵、來照顧你，被餵得恰恰好確實很棒，但是更多的時候，可能是不方便或不舒適。你不覺得自己餵自己，更任性、自由嗎？

所以沒人比你更懂得如何照顧你自己的情緒。因為這兩個步驟，沒有人比你做起來更簡單。很多時候，我們有了情緒還沒有看見，就直接習慣性地做決定了，事後後悔。不如從此刻起，開始先看見，然後再做決定：你是要選擇自己照顧自己，還是讓他來照顧。

要是自己來照顧自己的話，你就選擇你最想用的方式。要是選擇讓他來照顧的話，你就得承擔他可能不滿足你的後果嘍。

第十章

很多關係本身就是交換，哪有什麼無條件

你可以創造你想要的關係，不害怕任何關係的破碎。

「我不過是想找個人全心全意地愛我，無論我怎樣，都依然無條件地愛我，與我有什麼和我怎樣無關。」

「難道人跟人之間，就只有條件交換嗎？一定要這麼現實嗎？難道就不能有兩個人的友誼／愛情可以不是因為交換，而是因為真心而在一起嗎？」

我常聽到這種抱怨：

為什麼不能給他無條件的愛？

為什麼不能愛他的全部？
為什麼愛要有條件或者交換？

1

以前讀小說、看電視、聽故事多了的時候，我也曾產生過這種幻想：多麼想有個人可以給我無條件的愛，無論我怎樣。後來隨著慢慢長大，我很無奈地承認了一個事實：無條件的愛不存在，每份愛、每段關係都是有條件的。

曾經我還天真地舉例：太陽對大地的愛，媽媽對孩子的愛，都是無條件的。

後來我又一一把它們推翻：太陽愛你嗎？太陽只不過是在做自己的事情，影響到了你而已。你對它做過什麼呢？沒有互動的愛，也叫愛？它曝晒你不管你感受的時候，也叫愛？

媽媽會很愛孩子無可否認，但是媽媽對孩子的愛怎麼會沒有條件。當小孩子學習表現好的時候、做對了的時候、聽話的時候，媽媽的關心、讚美、親近就會多很多。當孩子做錯了的時候、學習表現差了的時候，媽媽就會責怪、批評。

從孩子的角度來講，愛是有條件的，當優秀了，愛就多；當犯錯了，愛就少。

無論媽媽怎麼中立，她都無法做到中立不讓自己的價值觀影響對孩子的態度。即使她做到了中立，她也還是有條件的——條件就是，你是我的孩子，流著我的血，我才愛你。

愛是有條件的。假設這個結論成立，那麼就有了我這次想討論的主題：

- **關係，本質上都是一種交換。**
- **沒有交換，就沒有關係。一旦關係建立，就意謂著交換的開始。沒有可交換的時候，關係就結束。**

2

我還想說說交換的三個層次。

(1) 物質／現實層次的交換

你在現實層次上想得到某個人的某些東西，於是你靠近他，他補給你。

比如說，你想獲得某個職位、金錢、資源等，因為這對你有利，而你又很清楚你要的是什麼，所以你就會主動或被動地，去和能給你這些資源的人搞好關係。

有的愛情也是如此，為了得到而結婚。這是赤裸裸的交換，是現實層次的。當這些交換不能滿足你的時候，你就會失望或自動化疏遠。

(2)情感／心理層次的交換

你在心理上有部分缺失了。

可能你孤單，需要被傾聽和理解。

可能你無助，需要被安慰和保護。

可能你害怕，需要被陪伴和連結。

可能你需要被認同，需要別人給你讚美和表揚。

可能你脆弱，需要別人給你鼓勵和勇氣……

總之，你在情感、心理的某個部位缺失了，你需要一個人補給你。當能夠補給你的這個人出現時，你就會靠近他。這是情感／心理層次的交換。

一旦你看了心理師，或者開悟了而能夠自己滿足自己了，或者你找到了另一個人更能夠滿足你了，你就不再需要當初這個人了，你和他的關係就會疏遠。當然，你可能依然對他心存感激，但也只是一種疏遠後的感激。

(3)精神／靈性層次的交換，俗稱「很聊得來」

你跟這個人在一起的時候，很有共鳴。你們有共同的價值觀，共同的興趣愛好，共同的語言。

和他聊天時，就像是和自己聊天一樣。這就是高山流水話知音吧。當他能夠給你輸入共鳴感，你就願意靠近他，那感覺很舒適。但這也是會變的，當隨著時間的推移，你們的興趣有轉移，你們的價值觀有變化，然後你發現你們可以聊得來的地方越來越少，於是也疏遠了。

友情更是如此，和朋友的親密與疏離，無不遵守此規律。

其實愛情也是這樣的，當「激情愛」產生，你們因為彼此的外貌、外在擁有等相互吸引，而後開始轉換成「夥伴愛」：即是否能在第二、三層次上，有更多的融合和相互補給。

親情在某種程度上也是這樣的。媽媽對孩子的情感補給顯而易見，其實孩子的存在，也滿足了媽媽很多關於自戀、母愛付出、價值感等心理需求。而我們看到許多親子關係在第三層上也能相互交換，他們就是親密的親子關係。

一旦他們產生強烈的衝突，在第二層次上也無法再交換滿足，那麼他們即使有血緣關係，也會在心理上斷絕關係。

3

一段關係的建立，可能各有所需，你們需要的層次可能不一樣，但是各自能從對方身上獲得滿足，於是你們就建立了關係。

第一個層次是意識層次的，人們知道自己在做什麼。但是第二、第三個層次，常常是潛意識的，人們不知道自己在做什麼。所以有時候會自動疏遠了，反而感覺難過，會黯然神傷。不滿足交換的條件後，就會自動疏離，不是你想刻意維繫就容易維繫的。

如果在這幾個層次上開始失衡，即雙方的交換不對等，也會趨向於疏離。這也就是你會看到，很多曾經要好的朋友，都慢慢不再聯繫。即使依然要好的，也是在第二、第三層次上沒有怎麼變過。許多海誓山盟的戀人，都愛著愛著就淡了。

所以脾氣不好、性格古怪、總傷害人，並不一定是毀掉關係的原因，這只是第二層次的缺失和無法交換而已。

如果你能給對方第一層次的現實滿足，而且他剛好很需要的話；如果你能在第三層次上和他有共鳴、有交流，這個一般人都需要——即使你脾氣再差，對方也不會太過於在意，頂多埋怨一下，而不會沒有了感情，破碎了關係。

一個和你有共同語言，能夠懂你的人，而且你心理上沒有缺失，你是可以忍受這個人各種奇奇怪怪脾氣的。

4

只是，如果你既不能在第一層次和對方交換，又不懂他的精神世界，還不知道對方所缺的是什麼，那麼你想要對方在第二層次滿足你，能夠隨時補給你「心理營養」，甚至要求他在第三層次上懂你。那，結果會怎樣呢？

結果就是，你必然對他形成負擔。因為他對你沒有母愛／父愛一樣的心，來透過對你付出實現自己的人生使命感。

但這並不影響我們依然期待對方可以無條件愛我們，希望擁有一段純潔、不功利的關係，無論朋友，還是戀人。依然期待一個神一樣的存在，可以無條件地滿足我們，不離不棄，這就是全能感，我們幻想出來的神，然後拿祂來與我們現實中的關係做比較。

那我們只能回到三歲以前去，尋找我們的媽媽。

只有三歲前的孩子，才需要無條件的愛的。雖然媽媽那時候也是有條件的，條件就是你要乖、別亂哭。如果那時候你沒有感受過無條件的接納，可能一輩子都在尋找這個東西，直到你意識到。

5

是的。當你意識到，就有了選擇的權利，可以改變並停止索要這個無條件的接納。這是可以改變的。

你可以創造你想要的關係，也不必害怕任何關係的破碎。

你不需要對方來給你承諾、保持穩定、不離開你來給你安全感。這不是要求和索取來的，而是你創造出來的。因為關係本身就是交換，即你能滿足他的時候、他也能滿足你的時候，你們的關係就是永恆的、安全的、不破碎的。

前提當然是：你要去創造，而不是索取。這是一個成年人的基本姿態。

你要去看到，你所渴望的無條件的愛與接納，是全能感的幻象，是你拿出了全能的神和你的關係，與你現實中的關係做了比較。

6

很殘酷的是，我們的許多關係都充滿了交換。很現實、很血腥、很不純潔，是嗎？

我想到了幾種無條件的愛的可能性，比如：沒有關係。

只有「沒有關係」，才會有無條件的愛，像是太陽對你；比如三歲前，孩子對媽媽全能感的幻想。

如果，我們換個角度呢？

正因為關係本身是交換，才讓我們有了選擇和創造的可能性。或者說，交換本身就是純潔。所以我們值得，也正擁有純潔的關係。

如果，你依然渴望無條件的愛、無條件的接納，那就為自己去創造。

這個世界上，當人長大，就要做自己的媽媽，對自己不離不棄，無條件接納自己、愛自己。
而不是把不能對自己做的這部分投射出去，要求別人再來為自己做。

國家圖書館預行編目資料

這麼在意別人的看法，你一定很累吧／叢非從著. --初版. --臺北市：寶瓶文化, 2020.10,
面； 公分. --(Vision；201)
ISBN 978-986-406-204-1(平裝)
1.自我肯定 2.自我實現 3.成功法

177.2 109014755

Vision 201

這麼在意別人的看法，你一定很累吧

作者／叢非從（薩提爾模式心理師）

發行人／張寶琴
社長兼總編輯／朱亞君
副總編輯／張純玲
資深編輯／丁慧瑋　編輯／林婕伃
美術主編／林慧雯
校對／丁慧瑋・劉素芬・林俶萍
營銷部主任／林歆婕　業務專員／林裕翔　企劃專員／李祉萱
財務／莊玉萍
出版者／寶瓶文化事業股份有限公司
地址／台北市110信義區基隆路一段180號8樓
電話／(02)27494988　傳真／(02)27495072
郵政劃撥／19446403　寶瓶文化事業股份有限公司
印刷廠／世和印製企業有限公司
總經銷／大和書報圖書股份有限公司　電話／(02)89902588
地址／新北市新莊區五工五路2號　傳真／(02)22997900
E-mail／aquarius@udngroup.com

法律顧問／理律法律事務所陳長文律師、蔣大中律師
如有破損或裝訂錯誤，請寄回本公司更換
著作完成日期／二〇二〇年五月
初版一刷日期／二〇二〇年十月二十三日
初版四刷+日期／二〇二三年四月二十日
ISBN／978-986-406-204-1
定價／三三〇元

AQUARIUS 寶瓶文化事業

愛書人卡

感謝您熱心的為我們填寫，
對您的意見，我們會認真的加以參考，
希望寶瓶文化推出的每一本書，都能得到您的肯定與永遠的支持。

系列：Vision 201　**書名：這麼在意別人的看法，你一定很累吧**

1.姓名：＿＿＿＿＿＿　性別：□男　□女

2.生日：＿＿年＿＿月＿＿日

3.教育程度：□大學以上　□大學　□專科　□高中、高職　□高中職以下

4.職業：＿＿＿＿＿＿

5.聯絡地址：＿＿＿＿＿＿＿＿＿＿＿＿＿＿＿＿

聯絡電話：＿＿＿＿＿＿　手機：＿＿＿＿＿＿

6.E-mail信箱：＿＿＿＿＿＿＿＿＿＿

□同意　□不同意　免費獲得寶瓶文化叢書訊息

7.購買日期：＿＿年＿＿月＿＿日

8.您得知本書的管道：□報紙／雜誌　□電視／電台　□親友介紹　□逛書店　□網路　□傳單／海報　□廣告　□其他

9.您在哪裡買到本書：□書店，店名＿＿＿＿　□劃撥　□現場活動　□贈書

□網路購書，網站名稱：＿＿＿＿＿＿　□其他＿＿＿＿

10.對本書的建議：（請填代號　1.滿意　2.尚可　3.再改進，請提供意見）

內容：＿＿＿＿＿＿＿＿

封面：＿＿＿＿＿＿＿＿

編排：＿＿＿＿＿＿＿＿

其他：＿＿＿＿＿＿＿＿

綜合意見：＿＿＿＿＿＿＿＿＿＿＿＿＿＿＿＿

11.希望我們未來出版哪一類的書籍：＿＿＿＿＿＿＿＿＿＿＿＿

讓文字與書寫的聲音大鳴大放

寶瓶文化事業股份有限公司

（請沿此虛線剪下）

廣　告　回　函
北區郵政管理局登記
證北台字15345號
免貼郵票

寶瓶文化事業股份有限公司　收

110台北市信義區基隆路一段180號8樓
8F,180 KEELUNG RD.,SEC.1,
TAIPEI.(110)TAIWAN R.O.C.

（請沿虛線對折後寄回，或傳真至02-27495072。謝謝）